# すぐそばも幸せにできないで。

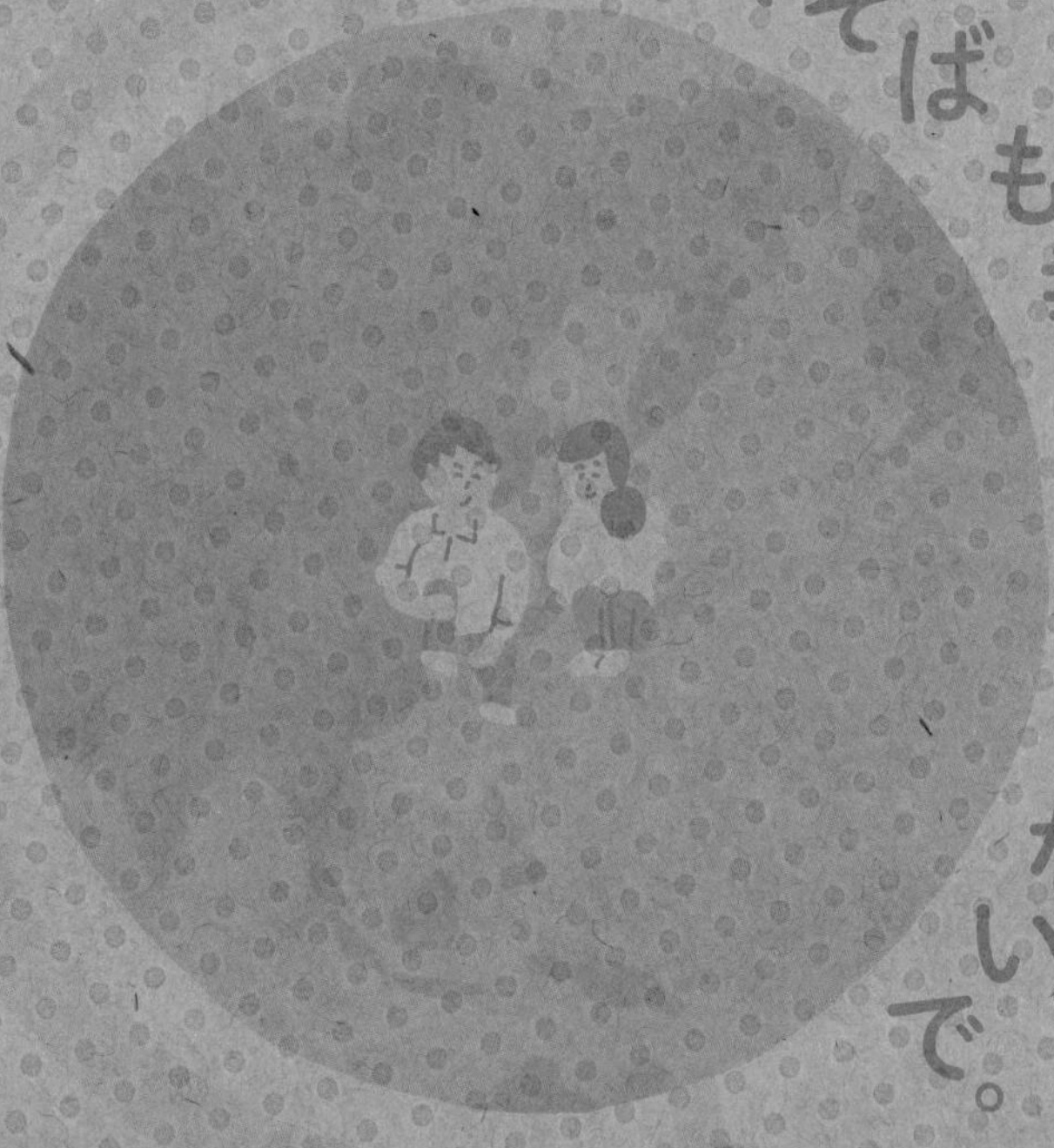

高島 大

WANIBOOKS

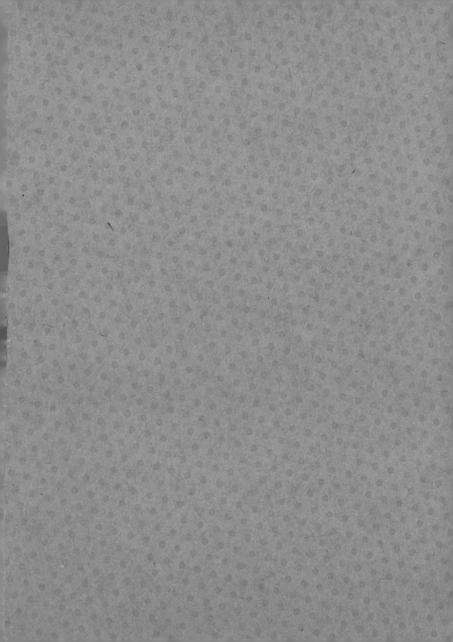

あなたが本当に
大切にしたい人は誰ですか？
あなたが本当に
幸せにしたい人は誰ですか？

今、頭に浮かんだ
その人はきっと
あなたのすぐそばに
いる人ではないでしょうか？

僕もすぐそばを大切にしたいです。

遠く遠くの人よりも、
いつも半径5メートルにいる人を
幸せにしたいです。

もし、世界中の人が
半径5メートルのすぐそばを
幸せにすることができたなら、
この世界は一瞬で幸せになる。

きれいごとでも理想論でもなく、
ちょっと本気で想っています。

貧乏で片親で中卒で
いじめられっ子で自信も取り柄も
お金もなかった僕です。

立派なコトや大きなコトはできないけど
すぐそばを幸せにするコトから
はじめていきました。

たった1人の人間では
世界中の人を幸せにする
大きな力はないかもしれないけど、
たった1人の人間でも
すぐそばを幸せにする力はあると
信じています。

この本に登場する人物はたったの３人。
僕と妻と娘です。

１００人いれば１００通りの
幸せがあるように全ての方にとっての
正解というモノはありません。

やり方や方法論、正解探しではなく、
根底にある大切なモノを
あなたとあなたの大切な人に
置き換えて読んで頂けたら。
そして何か１つでも
感じて頂けたり、忘れていた

大切な何かを1つでも
思い出してもらえる
キッカケになれば、
とてもとても嬉しいです。

とまぁ少し堅い挨拶になりましたが、
せっかくこうしてこの本を
手にとってくださったあなたです。
本文中ではあなたのすぐそばで
まるで隣に座っている大切な人に
語りかけるかのように
表現させて頂いていることを
ご了承ください。

# 目次



## 第1章

## すぐそばを幸せにする

第2章

# 夫婦で幸せになる

第3章

# 親子で幸せになる

第4章

# 恋愛で幸せになる

# 第5章

# 自分を幸せにする

# すぐそばを幸せにする

## 第 1 章

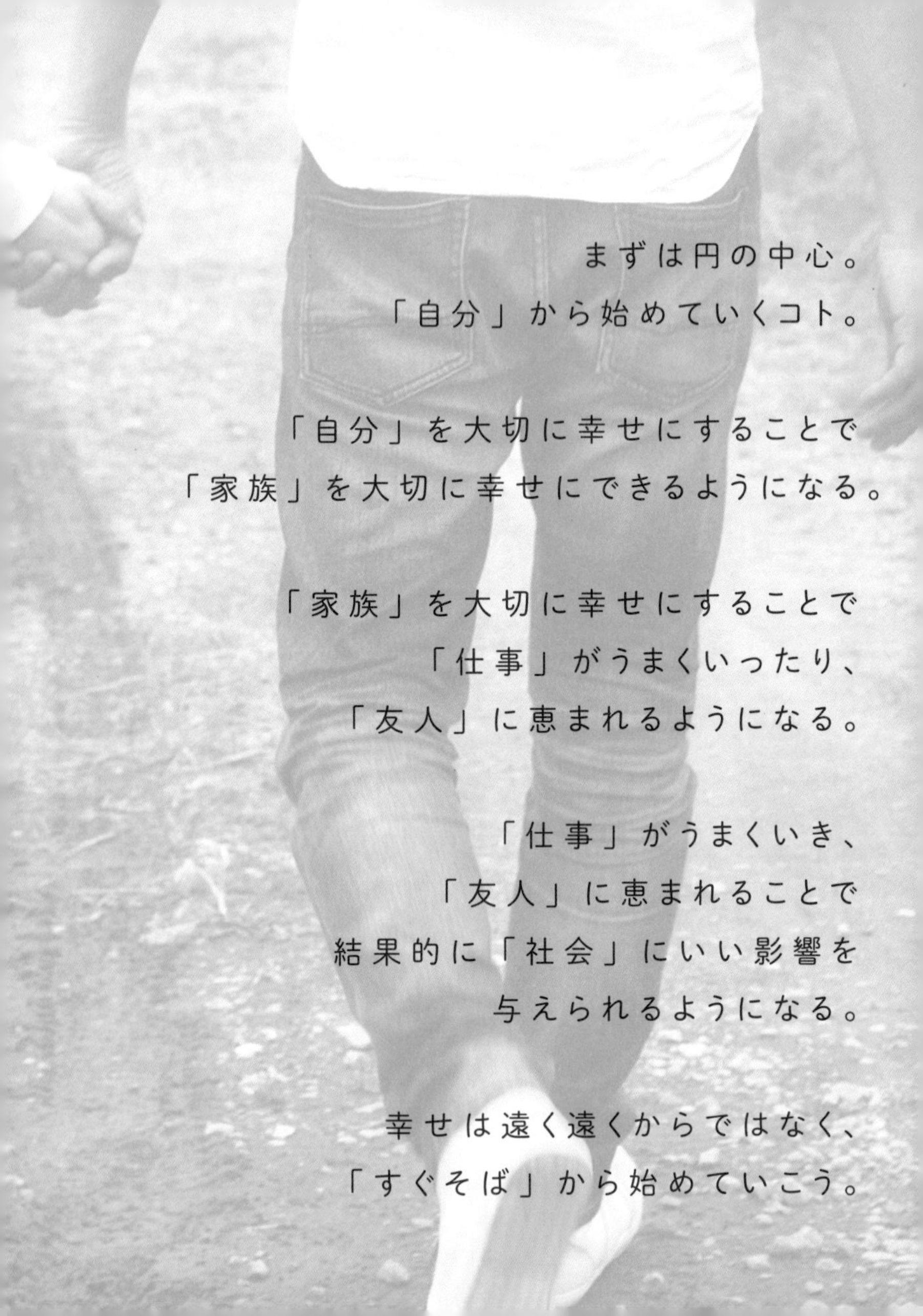

まずは円の中心。
「自分」から始めていくコト。

「自分」を大切に幸せにすることで
「家族」を大切に幸せにできるようになる。

「家族」を大切に幸せにすることで
「仕事」がうまくいったり、
「友人」に恵まれるようになる。

「仕事」がうまくいき、
「友人」に恵まれることで
結果的に「社会」にいい影響を
与えられるようになる。

幸せは遠く遠くからではなく、
「すぐそば」から始めていこう。

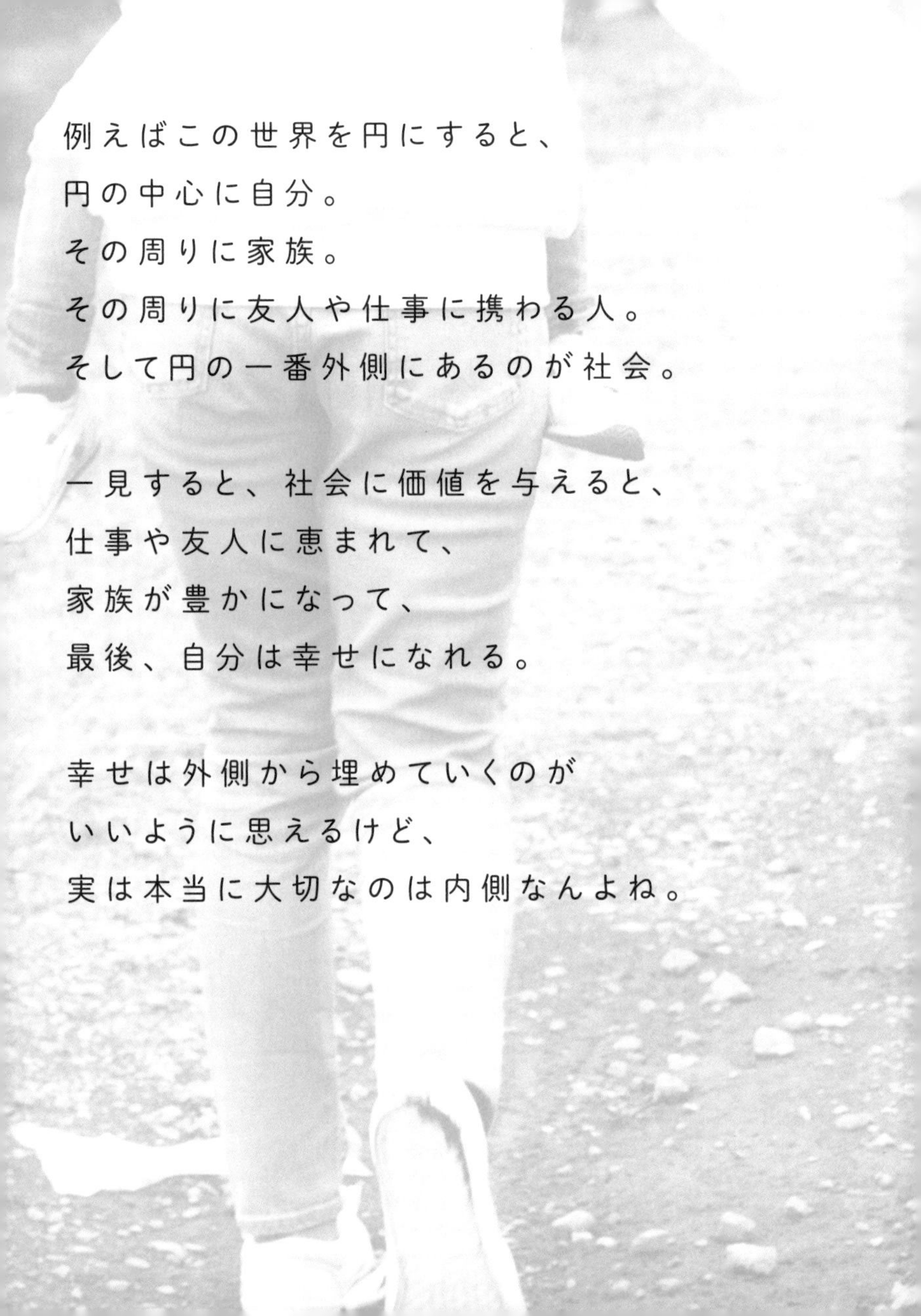

例えばこの世界を円にすると、
円の中心に自分。
その周りに家族。
その周りに友人や仕事に携わる人。
そして円の一番外側にあるのが社会。

一見すると、社会に価値を与えると、
仕事や友人に恵まれて、
家族が豊かになって、
最後、自分は幸せになれる。

幸せは外側から埋めていくのが
いいように思えるけど、
実は本当に大切なのは内側なんよね。

# もし今日が最期だとしたら

もっと話を聞いてあげれば良かったな……。
もっと支えてあげれば良かったな……。
もっと理解してあげれば良かったな……。
もっと信じて応援してあげれば良かったな……。
なんであんなつまらんことでケンカしたんやろ……。
なんであの時意地を張ってあやまらなかったんやろ……。
もっと笑って過ごせば良かったな……。
もっと気持ちをまっすぐに伝えたら良かったな……。
もっともっと抱きしめたら良かったな……。

いつか「最期の日」が来た時に、きっと俺はそう思うと思うんよ。
だからいつもね「今日」それを生きようと思う。

俺も人間やからね、
忙しい日も、
疲れている日も、
余裕がない日もある。
でもたった30分でも5分でもいいから、
例えどんなに仕事が忙しくても、
例えどんなに洗濯物が溜まっててもね、

今日という日の中に少しでも大切なコトを大切

にする時間を創る。

昔はね、

「そんな大袈裟《おおげさ》やわ〜。別に明日死ぬ訳じゃないし！」

そう思ってた。

また明日も明後日も、来年も10年後も変わらぬ今日がくるし、

また挽回できる日がいつかある。

**「いつかまた」**

**「また今度」**

口癖のように発する言葉を隠れ蓑《みの》に大切なことをいつも後回しにしてた……。

でも最近ほんま思うんよね。

「大袈裟やわ〜」と笑ってた、

**当たり前のように訪れて、何気なく過ぎていく「今日」という日の積み重ねそのものが、自分の人生そのものやということ。**

もし人生を分解できたなら、きっと「今日」というピースで溢れとるんやわ。

だからいつも「今日」大切なコトを大切にする。

もう少し仕事が落ち着いたら……。

もう少しお金ができたら……。

もう少し成長できたら……。

もし、先延ばしにしている大切なコトがあるのなら、例え小さくとも、今できることを大切にする。

自分にとって本当に大切な人やモノやコトを大切にする。

それよりも大切なコトってあるんかな？

それよりも優先するコトってあるんかな？

人生の幸せは、

「何が大切だったか」

ではなく、

「何を大切にしていたか」。


他の誰でもない。

大げさでも綺麗事でもない。

俺が俺の大切なコトを大切にする「今日」を生きようと思う。

あなたの大切な
人やコトやモノ
今日も大切にできた？

# 「ありがとう」がよく響く家

例えば、この晩ご飯が食卓に並ぶまでには、
スーパーでお菓子を持って走り回る娘を何度も追いかけ、
娘を抱っこしながら両手いっぱいに重い買い物袋を持って帰ってきて、
足にしがみついてくる娘を何度もあやしながら、何度も火を止め、

**やっとできた晩ご飯やったりする。**

例えば、この洗い立てのパリっとなったシャツ1枚とっても、
とっくに回し終わった洗濯機が気になりながらも、
何度も娘におっぱいをあげたり、

何度もオムツを替えたり、
何度も何度も同じ絵本を読み聞かせ寝かしつけた後、
日が暮れてやっと干せた洗濯物を次の日に娘の遊び相手をしながら、

**一生懸命アイロンをかけてくれたシャツだったりする。**

当たり前のように今目の前にあるモノ1つひとつには、仕事で家にいなかった俺には決して見えない物語が必ずあるんよね。

ほんと全てのコトは当たり前じゃなくてね、
ご飯食べてても、
シャツを着る時も、

**奥さんに対してほんまに「ありがとうな」って感謝が溢れる。**

ご飯作ってくれてありがとう。
洗濯してくれてありがとう。
今日も娘を守ってくれてありがとう。

毎回毎回、毎日毎日、
**1つひとつのコトに奥さんに「ありがとう」を伝えるコトをね、**
**何年経っても忘れたらあかんなって思う。**

仕事ってね、毎月お給料をもらえたりして収入が入るんよね。
ほぼ毎日誰かに「ありがとう」って言ってもらえるんよね。

「お金」という物理的報酬や、感謝という心理的報酬をもらえる。

やったコトや、頑張ったコトが報われるという達成感や充実感を感じるコトができる。

**でも子育てってそれがあんまりないんよね……。**

小さな娘の成長を感じたり、
小さな娘が大きな笑顔で笑ってくれた時に、
キュン♪　と幸せな気持ちになったりするけどな。

誰かに「ありがとう」って感謝されたり、
誰かに「良くやったね」「頑張ったね」って、
認めてもらえたり、褒められることってあんまりないんよね。
母だからやって当たり前？

子育てだからして当たり前?
妻だからそんなの当たり前?
いや、俺はそうは思えないんよ。
どれも決して当たり前のコトではないんよね。

いつも思う。

**うちの奥さんはいつ誰に「ありがとう」って言ってもらってるんやろ?**
**年中無休の子育ての日々の中でいつ達成感を感じてるんやろう?**
**報われる瞬間や認められる瞬間って何回あるんやろう?**

だからせめてね、一番すぐそばにいる俺が、
毎日毎日、毎回毎回、
「ありがとう」をちゃんと言葉に出してちゃんと伝えたいなと思う。

例え奥さんは感謝されたくてやってる訳ではなくても、「ありがとう」って言われたらやっぱり嬉しいやんね。

今月も働いてくれて「ありがとう」。
奥さんにそう言ってもらえたら、やっぱり俺も嬉しいもんね。

夫婦生活も長くなると、「ありがとう」の言葉が家の中で響かなくなるのが普通らしいけど。

## 「感謝」の天敵は「当たり前」。

全てのコトが当たり前にならないように、
全てのコトに感謝の気持ちを忘れないように、
何年経っても何十年経ってもね。

**「ありがとう」の言葉がよく響く家でいたいなと思うわ。**

見えないところで
「当たり前の毎日」を
守ってくれてる人がいる。

# 本当に悲しいのはプリンがないコトじゃない！

あなたの大切な人が、大切にしている人って誰か知っとる？

あなたの大切な人が、大切にしているモノって何か知っとる？

あなたの大切な人が、大切にしているコトって何か知っとる？

それ、すぐ浮かんだ？

俺、プリンがすごく好きでね。

毎晩、お風呂に浸かりながらプリンを食べるのが楽しみやったんよ。

だから常に冷蔵庫には2個あるように在庫管理して（笑）。

ある時いつものようにお風呂溜めて服脱いで、スッポンポンで冷蔵庫のプリンを取り出そうとすると、あるはずのプリンがないんよね。

すぐに奥さんに「集合!!」て声をかけたんよ。スッポンポンのままね。

「大事件や!! プリンがないんやけど知らんか?」

内心（奥さん食べたんやろ?）と思いながらも一応聞いたら、「そうなんよ〜昼間2個食べてしもたんや〜美味しかったわ〜♪」

「そっか〜、食べてしもたんか〜。

よっしゃ! 家族会議や、奥さんちょっとそこへ座ってくれる?」

2人で膝を突き合わせ正座や（**もう1回言うけど、この時俺……スッポンポンです**）。

**俺**「俺が今、何を悲しんどるか解るか?」

**奥さん**「プリンがなかったからやろ?」

若干半笑いの奥さん……。

**俺**「違うそこじゃない。俺がプリンを大切にしとるのは知っとるやろ?

プリンが大好きで毎日食べとる大ちゃんが帰ってきた時に、もしプリンがなかったらきっと大ちゃん悲しむやろな、そう想像してくれなかったんか？ 食べるのは全然ええよ。けど食べたら買って補充しといてほしいんや。それが俺の大切にしているモノを大切にしてくれてるというコトなんちゃうんか？

俺が悲しんでるのはプリンがないことじゃない！

俺の大切なモノを大切にしてくれなかったこと。

その気持ちがなかったことが俺は悲しいんや～」

**（何回も言うけどこの時俺……スッポンポンです。スッポンポンで正座です）。**

大切な人が、大切にしているモノや、大切にしているコトって何やろね？
大切にしている人って誰やろね？

**一見それってね、ひょっとしたら自分にはそんなに大切なモノには見えな**

**かったりするんよね。俺のプリンのように（笑）。**

「大切にする！」って言葉で言うのはとても簡単だけど、人を大切にするというのは、その人が大切にしているモノ、コト、人を、同じように大切にしてあげるコト。

うちの家のプリン事件はただの笑い話だけど、日常の中にそんなコトってきっと沢山あるんよね。

もし自分が大切にしているモノやコトや人を大切にしてもらえたら、大切に思っているその気持ちを大切にしてもらえたら、それだけで人ってめっちゃ嬉しいやんね。

自分のこと大切に思ってくれてるんやな～って感じられて幸せやんね。

**だから先にね。相手が大切にしているモノ、コト、人は何なのか？**

**例えそれが何であれ関心を持って理解に努め、同じように大切にしてあげること。**

それ、すごくすごく大切やと思うわ。
あなたの大切な人が今、
大切にしているモノって何やろね？
大切にしているコトって何やろね？
大切にしている人って誰やろね？
それ、大切にしてあげたら、大切な人はめっちゃ幸せな気持ちになるんよね。

いつも大切な人が大切にしているコトやモノや人を大切にしてあげるコト。

それ、すごくすごく大切やと思うわ。

大切な人が大切にしている
「モノ」や「コト」や「人」って
何やろね？

# 「現実」が先か、「心」が先か

うちの奥さん、ほんま見てる所や捉え方がすごいなといつも尊敬する。

いつも俺のことを『いい夫』として見てるから、いい所がいっぱい見えるらしいんよ。

いつも『尊敬』の目で見てるから、尊敬できる所がいっぱい見えるらしいんよ。

いつも『優しい人』として見てるから、優しい所がいっぱい見えるらしいんよね。

人って不思議なものでね、ありのままを見ているようで、実はありのままが見えているわけじゃないんよね。

## 自分が信じているモノだけが見えるようになっとるんよ。

オバケがいると思うと、カーテンが揺れただけでもオバケに見えるように、『尊敬できない人』と思って見ていると、尊敬できない所が山ほど見えてきたり、『不満』を持って見ていると、ご飯の食べ方1つ取っても不満に思えてきたりする（笑）。

## 良くも悪くもちゃんと自分の心が信じたモノが見えるように、体中の全細胞が全身全霊でその証拠を探し、見つけ出してくれる。

心が目の前の現実をちゃんと作りあげてくれるようになっとるんよね。

うちの奥さんがいつも幸せなのは、特別俺がいい男、いい夫だからではなくてね、奥さんの心が先にそれを決め、信じたモノを見て、それが現実になっとるだけなんよね。

良くも悪くも、
人は自身の心にあるモノを見て。
心にあるモノを聞き。
心にあるモノを目の前に映す。

心がその現実を見せてくれてるんやわ。

あなたのパートナーは、本当に優しく愛情深い人。
あなたのパートナーは、本当に頼りになり尊敬できる人。
その心で見てみたら、その時あなたの目には何が見えるやろね？

「不幸せな人」は
現実を見て心を決め
「幸せな人」は
心を決めて現実を見る。

# 太陽だって泣いていいし、怒ってもいい

あのな、
おかあさんだってたまには元気がない時だってあるんよ。

そんな時はな、
「おかあさんどうしたの〜!?」とか、
「おかあさん元気出して〜!!」てな、
心配したり騒がなくてもええんやで。
えっ？　おとうさんはいつもおかあさんは太陽やと言ってるって？
**そうや。おかあさんはうちの家の太陽や。**

だから大切にせなあかん。

でも太陽もな、夜は寝とるやろ？

夜はブラジル行っとるとか現実的なツッコミはええで（笑）。

おかさんだってな、
休みたい時、
悲しみたい時、
落ち込みたい時、
怒りたい時、
そんな時があんねん。
でもそれは決して悪いことやないんやで。
それが「人間」というものなんや。

いつもいつも元気でいないといけない！　って。
おかさんがいつも無理して、いつも頑張ってたら、
そっちのほうが悲しいやろ？

「おかさんいつも笑ってて～」、
「おかさんいつも元気でいて～」って、
君やおとさんが言ってたら
「あたしゃいつも元気でおらないかんのかい⁉」
「あたしゃいつも落ち込んだらあかんのかい⁉」
「あたしゃいつもいつもポジティブに笑ってないとダメなんかい⁉」
そんな風にいつも無理して頑張ってたら、おかさんきっとくたびれてしまうやろ？

**大切な人が悲しんでる時はね「ちゃんと」悲しませてあげような。**
**大切な人が怒っている時はね「ちゃんと」怒らせてあげような。**

人間てね、自分の気持ちをちゃんと受け止めて、ちゃんと感じきって終わらせてあげたら、また自然と元気になるんやわ。
また太陽はブラジルから帰ってくんねん♪

喜びも楽しさも嬉しさも、
苦しみも怒りも悲しみも、
**「ここでは全てさらけ出してもいいんやな〜」**
**「ここではさらけ出しても大丈夫なんやな〜」**
君やおかさんにとって、そうやって安心できる場所が、
ここ（家族）であったらええな〜って。

おとさんいつもそう思うとるんや。
だから大丈夫なんやで
**ここ（家族）ではどんな自分でいても、愛されとるということや。**

おとさん

安心して自分を
さらけ出せるのが家族。

# 「イクメン」てなんやねん……

積極的に育児に参加する夫を「イクメン」と言うらしいね。
俺が実践している「イクメン」はこんな感じやわ。

①仕事から帰ってきたら1時間、いや30分でもいいから奥さんと会話するコト。会話の中身は何でもいい、大事なのは奥さんの話を心から聴くコト。

②妻であり母である前に1人の女性として気持ちや考え方を尊重し、やりたいコトがあれば心から応援するコト。

③子供の服を一生懸命選んでいる奥さんの横で、奥さんの服を一生懸命選ぶ。

④奥さんがたまには、のんびりお茶したり、美容院でゆっくり過ごしてもらうために休みの日は娘と2人でデートに出かけ、奥さんに1人の時間をプレゼントするコト。

⑤娘を寝かしつけるよりも、奥さんがゆっくり眠れる環境や時間を作ってあげるコト。

⑥掃除、洗濯、料理は奥さんに任せっきりにせず積極的にやるコト。特に自分のコトは。

⑦奥さんが安心して子育てに専念できるようしっかり働いてお金を稼ぐコト。

⑧自分が仕事で家を空けている間、いつも子供を守り育ててくれているのは奥さん。だから、毎日「ありがとう」と感謝を伝えるコト。

⑨毎日奥さんをハグするコト。

⑩オムツ替えたり、一緒にお風呂に入ったり、娘と一緒にいっぱい遊びいっぱいハグするコト。

こんな感じになるわ。

うん、8割奥さんやね（笑）。

**子育てで俺が大切にしているコトは、実は子供よりも奥さん。**

## 「奥さんを大切にするコト」

それが子育てで1番大切なんちゃうかなと俺は思う。

**子供と一番長く一緒に過ごす奥さんが、精神的にも肉体的にも安定し安心し、子供と心地良く過ごすことがすごくすごく大切なんよね。**

もちろん娘は俺の命より大切な大切な存在。

## だからこそね、娘よりも奥さんなんやわ。

夫が妻を愛し大切にすることで、妻は最良の愛を子供に注ぎ、そしてそんな両親を見て子供は愛に触れ、愛を感じ、それぞれの愛を学び成長していくんちゃうかな。

男の愛と女の愛は本質が違う。

だから表現の仕方も役割も、やるべきことも言うことも、愛し方1つとっても全て違うんよね。

何をもってしてイクメンというか俺にはよく解らんけど、ほんとはそんな言葉が存在しない世の中のほうがええんよな。

父親も子供を育てるのは当たり前。その上で奥さんを一番に大切にするコト。

それがとてもとても大切やと思うわ。

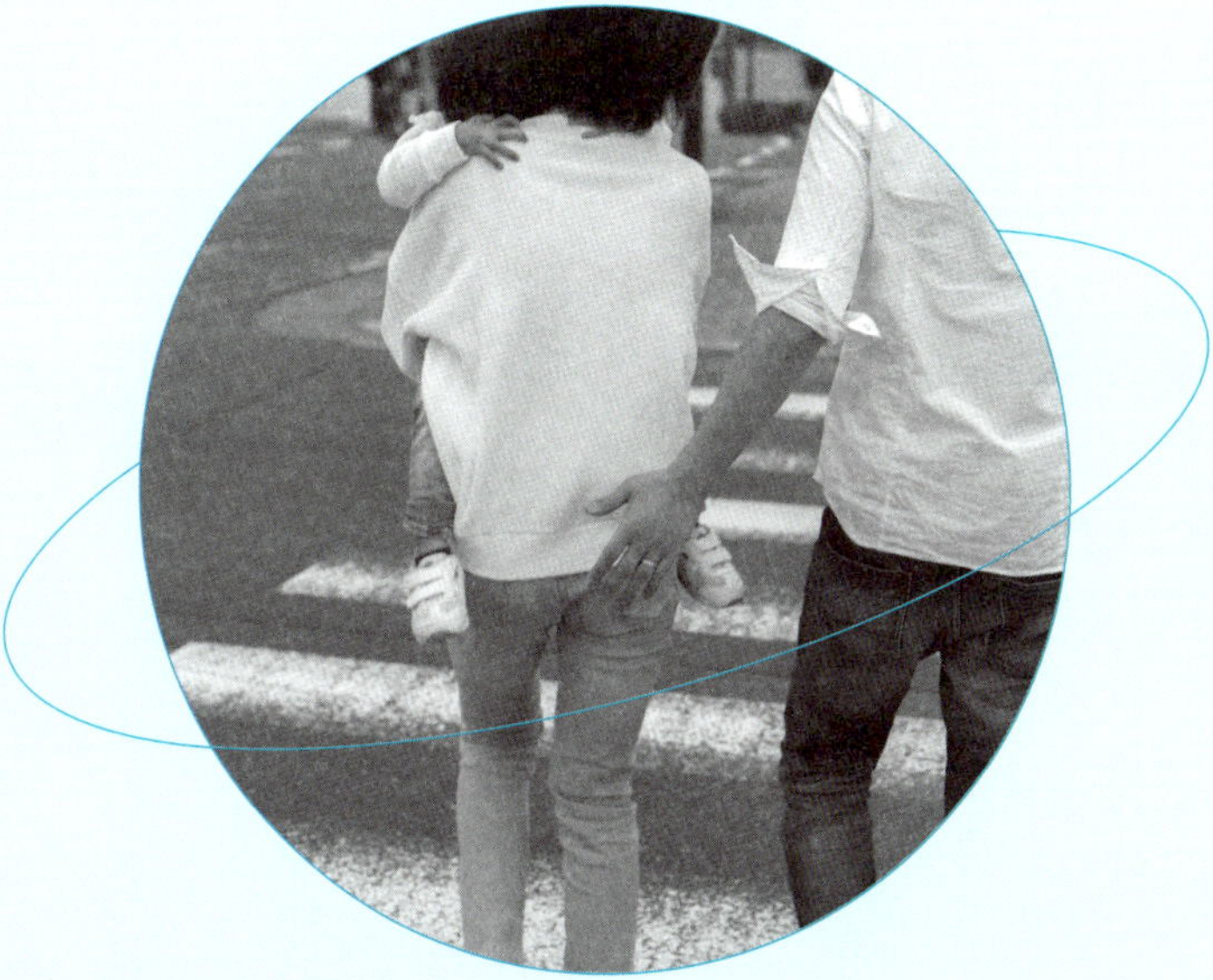

子供の一番すぐそばで
子供と一番長く過ごすのが母親。
その母親を幸せにするコトが、
子育てで一番大切なコト。

# 「あなたに解ってもらえるだけで……」

さすがにおっぱいは出せへんけどね。

育児や掃除や洗濯や料理、少しでも奥さんの力になりたいからできるだけやらせてもらっとる。

だけど多分ね、奥さんが俺に一番求めていることって、そういうことじゃないんよね。

確かにやったほうが体の負担も減るし、すっごく喜んでくれるんよ。

でもうちの奥さんが一番喜んでくれる時って、

**「解ってもらえた時」なんよね。**

だからもし、

散らかっている部屋を見ても、奥さんのことを片付けもできない人だとは思わない。

**俺が見ているこの光景は、片付けても片付けても、何度も何度も楽しげに無邪気に遊んでいた娘の足跡なのだから。**

もし、

洗い物や洗濯物が溜まっているのを見ても、奥さんのことをだらしない人だとは思わない。

**俺が見たこの光景は、遊んでほしい、抱っこしてほしい、おっぱいほしいと、**

泣きながら何度もしがみついてくる娘の相手を1日中休む間もなく相手をしていた奥さんの足跡なのだから。

もし、朝起きてこなかったり、つい昼寝をしているのを見ても、奥さんのことを怠けてるだなんて思わない。

俺が見たその姿は、夜中に何度も何度も泣いておっぱいをほしがる娘に、眠る間もなく一晩中付き合っていた姿なのだから。

もし、娘が転んでケガをしたとしても、決して奥さんのことを不注意だと責めない。

俺が知るこの1回以外の、俺が知らない何百何千回を、いつも注意を払いケガや事故や病気から娘を守ってくれているのだから。

もし、娘に怒っているのを見ても、奥さんのことをヒステリーだなんて思わない。

その一瞬以外の全ての時間は、笑顔や優しさ、溢れるほどの愛情を注いでいる奥さんなのだから。

自分の予定通りに進まなかったコトや、ひと時も目が離せず休めなかったコト。

悩みながら手探りで過ごしたコトや、夜中の授乳で寝不足だったコト。

何かをしててもいつも中断されるストレスがあったコトや、やり終えたくて

**もやり遂げられなかったコトがあるコト。**
**ついもう〜ってイライラしてしまったコトや、理想通りにいかなくて悲しくなってしまったコト。**
**それら沢山のやり場のない気持ちの行き着く先がなかったコト。**

俺が仕事で家を空けている間、そういう1日を過ごしていたことを、少しでも「知ってほしい」。少しでも「解っててほしい」。

うちの奥さんが一番求めているモノは、きっとそういうコトやと思うんよ。

いっぱい笑ってくれたコトや、いっぱいご飯を食べてくれたコト。
初めて立ったコトや、公園で初めて滑り台で遊べたコト。

その後転んでも1人で立ち上がれたコト。
いっぱいお昼寝したコトや、初めてママって呼んでくれたコト。
そんな1つひとつの小さな幸せに、大きな喜びを感じたコト。
それら沢山の伝えたい気持ちが胸いっぱいにあったコト。
**俺が仕事から帰ってきたら、そういう1日を過ごしていたコトを、**

少しでも、「想像してほしい」。
少しでも、「知ってほしい」。
少しでも、「共感してほしい」。

決して目には見えない行き場のなかった気持ち。
伝えたかった喜びの気持ちを、ただただス〜っと受け止めてもらうコト。
うちの奥さんが一番求めているのは、きっとそういうコトやと思うんよ。

# 大切なのは、「タスク」をこなすコトではなく、「心を寄せる」コト。

目に見える具体的な様々なコトよりも、目には見えないモノをただただ、理解してあげるコトのほうが、よっぽど大切な時もあるんよね。

「解ってもらえている」
たったそれだけで、
人は温かく幸せな気持ちになれる。

# 大人の姿をしているその人も、誰かの子供

娘がほんと愛しくてね。

あと何年そばにいられるか解らないけど、どんなことからも守りたいと思うし、いつもいつも心から幸せを願っている。

わがまま言ってもいい。

反抗してもいい。

間違ってもいい。

**どんな時でもね、例え何があってもね、いつもめっちゃでかい愛で包んだる。**

ぽかぽか晴れた日も、
暗く寒い雨の日も、

**いつも見守り、いつもおっきな愛で包んだる。**
娘がこの先どんなに大きくなっても、それは一生変わらないんやわ。
親としていつもそう思う。

そしていつもそう思うと同時にね、奥さんのコトを想うんよ。

この目の前にいる奥さんも、同じように愛され大切にされ、誰よりも幸せを願われた人なんやって。

だから忘れたらあかんよね。
今、目の前にいるその人は、
**今はもうすっかり大人の姿をしているかもしれない。**
**わがままを言うこともあるかもしれない。**

間違うこともあるかもしれない。
腹が立つこともあるかもしれない。

でもその人もね、どんな時も愛された、必ず誰かの息子であり、娘であるということ。

今はもう誰かのお父さんや、お母さんかもしれない。
誰かの旦那さんや、奥さんかもしれない。

けれど、必ず愛され幸せを願われた誰かの子供でもあるということ。

受け取ったその想いも一緒に、いつもそばにあるということを忘れたらあかんよね。

どんな人でも愛され、幸せを願われた
誰かの子供。
人を大切にするって、
その背景にある想いも
一緒に抱きしめるってこと。

# 信じるコト。許すコト。愛すコト

あのな、嘘つかれたことも裏切られたこともないから信じるのではなく、
嘘もつかれたしとても信じられないけど、それでも信じるのが「信じる」というコト。

謝ってくれたし怒りも冷めたから、許すのではなく、
謝ってもらえてもないし怒りも全然冷めてないけど、それでも許すのが「許す」というコト。

素敵だから、魅力的だから、嫌な所がないから愛するのではなく、

素敵じゃない所も、魅力的じゃない所も、嫌な所も含めて愛すのが「愛する」というコト。

それぞれ、前者はとても簡単なんよ。一定の「条件」がついていれば誰でも信じられるし、許せるし、愛せるんよね。後者はとても難しい……。

けれど、

本当に人を信じるコト、

本当に人を許すコト、

本当に人を愛するコトってな、

**「無条件」なんやわ。**

そして、信じるか信じないか、許すか許さないか、愛すか愛さないかは、

相手じゃなくて、ぜ〜んぶ自分で「選択」する

モノ。

だからどっちを選んでもええけどな、
**相手を見て決めるのではなく、**
**自分の心はどうしたいのか？**
**いつも自分の心に問いかけて決めるコト。**
おとさんそれが大切やと思うで。
分かった〜？
ほな今日の晩ご飯はシチューやからな。
早よ帰ろっ♪

おとさん

人を想う気持ちを
決めるのは
条件ではなく意志。

# 何が君の幸せやろね？

あのな、幸せに正解も間違いもないんよ。
結婚だけが幸せでもないし、
子供を産むことだけが幸せでもないんやわ。
独身でいることの幸せもあれば、
夫婦２人だけで手を繋いでいく幸せもある。
色んな幸せがあるんよね。

幸せってね、

## 形が決めるモノではなくて心が決める感情なんよ。

形にばかりとらわれすぎると、うっかり幸せの本質を見失ったりするからな、
いつもね、
嬉しい♪とか、楽しい♪とか、
安心する♪とか、癒される♪とか、
**自分の心が心地良いな〜♪と感じることをコンパスにしなさい。**
それが君にとっての本当の幸せなんやわ。
おとさんね、いつか君が年頃のお嬢さんになっても、
「そろそろ結婚は〜」とか、
「そろそろ子供は〜」とか、
絶対言わへんからな。

そんなもん大きなお世話やろ（笑）。
**君の幸せは君の心が選び君の心が決めること。**
だから好きなように生きたらええんよ。
いつも自分の心に素直に正直に生きたらええんよ。
ただこれだけは覚えておきや！
君の一番の親孝行って何やと思う？
それはな、
おとさんとおかさんよりも幸せになること！
それだけはおとさんと約束やで。
分かった〜？

おとさん

自分の心が
心地良いと感じるコト
それが本当の幸せ。

# 別れを幸せに結べていける人

『別れ』って悲しいコトではあるけど、決して悪いコトでも失敗でもないんよね。

別れは人を大きく成長させる。

人としての器や魅力を素敵に変化させるんよ。

恋人や夫婦という関係から学び得たモノを次の幸せに結んでいったり。

恋人や夫婦という関係では得られなかったモノを、その形から離れることで得られることもある。

**形にこだわり無理にその場所に心を居続けさせるよりも、自身の心に合わせ柔らかに形を変化させていくのが『別れ』なんよね。**

## だから別れは決して悪いコトでも不幸なコトでもなく、次の幸せの場所への形の変化なんよね。

1つだけ大切なのは、
決して元のパートナーのことを悪く言ったらあかんね。
下げるようなことを言ったらあかんね。
いつまでも許さないでいることはあかんね。
例え他人には解らないどんなことがあったにせよ、いつまでもそこでネガティブな感情を持ち続けているとしたら、
**例え形は変わっても、心は以前の場所に居続けていることになるんよね。**
別れを次の幸せに結べていける人ってね、ちゃんと完了できる人。

例え何があったとしても、1つひとつのことに「ありがとう」と感謝の気持ちで完了できる人。
だからこそ、次の幸せにまっすぐに歩み始めることができるんよね。
そんな人ってやっぱり魅力的やし、
めっちゃ素敵やと思わへん？

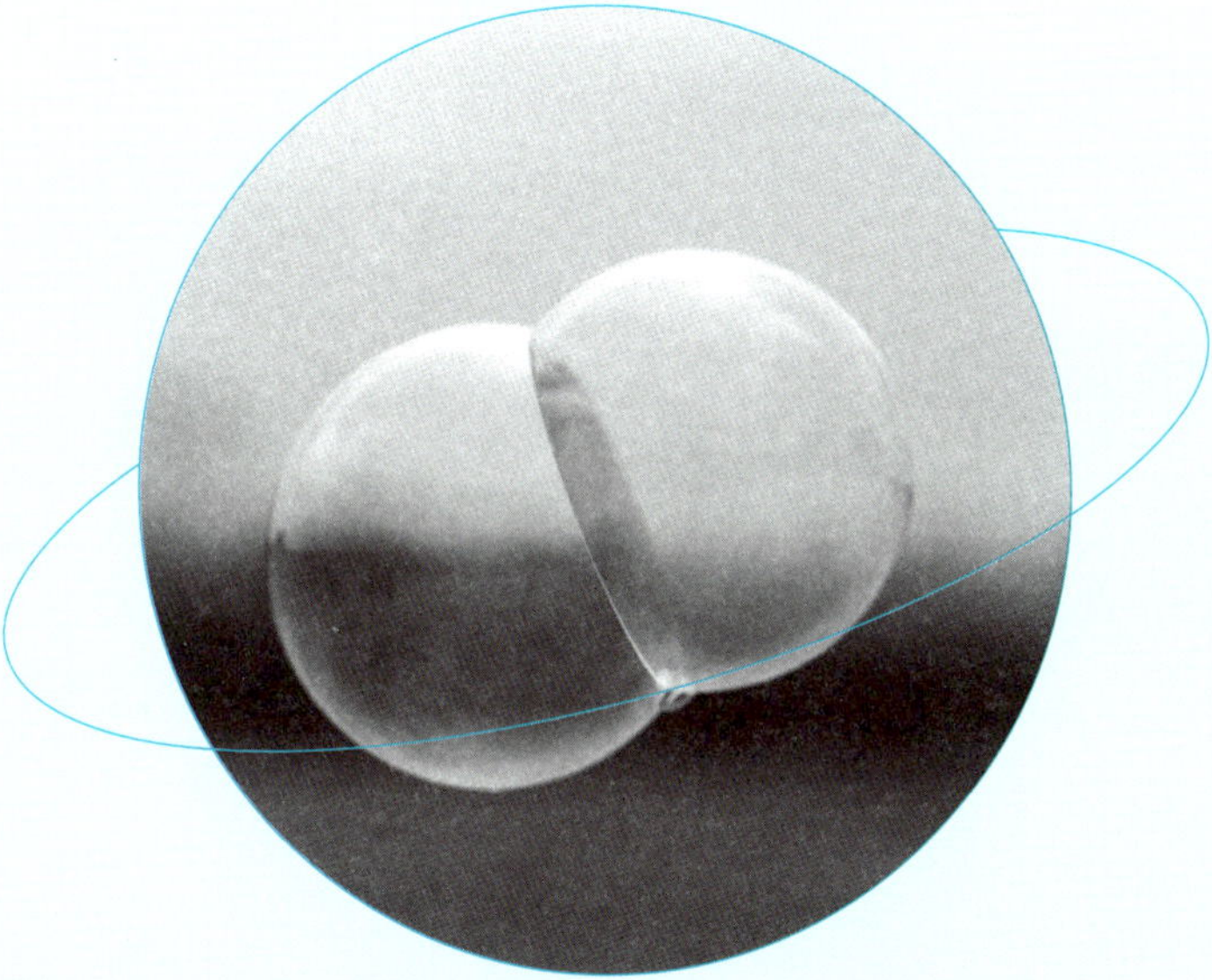

完了させる魔法の言葉は
『ありがとう』。

# 批判される人のほうが実はめっちゃ幸せ

もし、誰かに心ない批判をされたとしてもね、全っ然気にすることはないんよ。

その人はあなたのことを知らないだけ。
あなたのいい所。
あなたの努力しとる所。
あなたの素晴らしい所をその人は知らない。
あなたが何を想い、
どんな志で、
何を成そうとしているかをその人は知らない。

現実でもテレビやネットの世界でも人の評判というものは、たまたま見たある一面や断片的な偏った情報だけで、それがまるでその人の全てかのように思い込む。

そして自身の立場や状況、その時の心の状態で、見えるモノ、感じるモノ、受け取るモノが変わるから、**批判も称賛も全て、受け取る側の心の問題なんやわ。**

幸せを感じている人は決して、自分と考えが違うからとわざわざ遠くの人を正そうとしたり、自分を上げるために誰かを下げようとしたり、会ったこともない他人を批判したり、攻撃したりしないからな。

もし、その批判の中にも愛を感じたり、自身が受け止めるべき大切な事実があったりすれば、その時は真摯《しんし》に向き合えばいい。

それ以外は気にせんでええんやで。

**それよりも、**
**あなたのことが好きな人。**
**あなたをいつも応援してくれとる人。**
**何があってもいつもあなたの味方でいてくれる人。**
**あなたにとって本当に大切な人のことだけをいつも見つめていたらええんよ。**

あなたの大切な人はいつもあなたを見てくれている。
いつも誰よりもあなたを理解してくれている。
あなたの一部分だけでなく全てを受け入れてくれる。
あなたの「今」だけでなく、いつも5年10年先まで考えてくれている。
叱ってくれることがあっても、決して利己の感情をぶつけることはない。
例えあなたが間違いを犯したとしても。
例えあなたが失敗したとしても。

決してあなたを責めることなくいつも温かくサポートしてくれる。

## あなたにとって本当に大切な人は誰？

フィールドで懸命にプレイしているあなたに、外野席やテレビの向こうの安全な場所から、ポップコーン片手に野次を飛ばしてくるような、自分の人生に何の関係もないような人？

そんな人はきっとあなたを批判した十秒後には、もう別のチャンネルを見ながら別の誰かや何かを批判しとるで（笑）。

それとも、あなたのコトを誰よりも想い、あなたのコトを誰よりも大切にし、いつもあなたのコトを心から応援してくれとる〝あの人〟。

## どちらがあなたにとって本当に大切な人？

人生に使う思考も時間もエネルギーも全て限りがあるからな。
自分のコトを嫌いな人を好きにさせようと一生懸命になったり、
出会う人全員に好かれようと頑張ったり、
全ての人の誤解を解き、理解してもらおうと奔走するコトに、それら大切なモノを使っていたらもったいないやんね。
あなたが本当に大切だと思う人に、それら大切なモノを使ってあげてな。

いつもね、
**自分の半径5メートルの幸せを意識するコト。**
**半径5メートルにいる人を大切にするコト。**
幸せはいつもすぐそばにあるからね。

遠くの人の目を気にするよりも
一番大切な“すぐそば”を
いつも見つめるコト。
そしたら幸せしか見えないからね。

# 第2章

# 夫婦で幸せになる

例えば、18歳で
大学に入学するのを期に
実家を出たとして
親と一緒に過ごした時間を計算すると
約15万時間。

例えば、25歳で結婚したとして
平均寿命の84歳まで
一緒に過ごしたとしたら
夫婦が共に過ごす時間は約50万時間。

あらゆる人間関係の中で、
一番すぐそばで、
そして一番長く時を過ごすのが夫婦。

一番一緒に泣いたり、笑ったり、
ケンカしたり、支え合う関係が、
夫婦という関係なんよね。

# 人は完璧じゃないから幸せ

あのな、君のおかさんはね、決して完璧ではないんやで。
君を幸せにしたいと心から願い、
初めての子育てを毎日手探りで、
毎日試行錯誤しながら、
おかさんはいつもベストを尽くしとる。
時に間違うこともあるし失敗するコトもある。
この間も君がうんちが出ない時、「ニンジンちょっと固かったかな〜」って
眠る前まで反省しとったわ。

でもな、

おとさんはそんな完璧ではないおかさんが大好きなんよ。

そらたまに自分で言ったコト忘れることもあるし、
いっつも改札前でカバンの中のＰＡＳＭＯを慌てて探すしね、
ご飯だってたまにビックリするくらい塩っ辛いコトもある（笑）。

でもおとさんはね、そんな完璧じゃないおかさんが大好きなんよ。
支えたい、大切にしたいと思うんよね。
おとさんも決して完璧ではないんやで。
間違うコトもあるし、失敗するコトもある。
学もないから君に教えられるのはせいぜい足し算や引き算くらい。

この間も抱っこした君の頭を冷蔵庫の扉にぶつけてしまったしな。

体もそんな強ないから君を抱えて階段上がったら、いつもふくらはぎが爆発しそうになる（笑）。

君の運動会のかけっこでも、おとさんビリかもしれんわ。


でもな、おとさんベストを尽くして走るで。

おとさんも完璧じゃないんよ。

だからいつもね、許し支え応援してくれるおかさんや周りの人達に心から感謝しとる。


どう？

完璧じゃないおとさんとおかさんにガッカリした？

でもな、

完璧な人なんてこの世にいないんやで。
完璧じゃないから人間って幸せなんやで。

もしおとさんが完璧やったら、きっとおかさんと手繋げてなかったからな、おとさん完璧じゃなくて良かったな〜といつも思う。
もしおかさんが完璧やったら、おとさんはおかさんを支えることができなくなるから、おかさん完璧じゃなくて良かったな〜といつも思う。

**完璧だから素晴らしいのではなく、完璧じゃないから人間て素晴らしいんよ。**
**完璧になったら幸せになるのではなく、完璧じゃないから今すでに幸せなんよ。**

人生は、人の粗を探したり、誰かを批判したり、自分や他人を責めるものではなく、信じ合い許し合い支え合う旅なんよ。

正解や完璧を目指すよりも、いつも幸せであることを大切にしなさい。

分かった〜?

そしたら今日の晩ご飯はカレーやからな。

早よ帰ろっ♪

おとさん

人は皆、「完璧」になるために
生きているのではなく
「幸せ」になるために
生きとるんやわ。

# 関心は3年でなくなるのが普通？だったら俺は……

うちの奥さんが今一番行きたい所はハワイらしいわ。

以前はアフリカって言うとったけどな。

今一番食べたい物はカラスミらしい。

ちょっと前はカニって言うとったけどな（笑）。

今一番関心あるコトは、「娘のオムツをそろそろ卒業させようか」ってコトみたい。

ちょっと前までは「どこのオムツが安くて品質がいいか」ネットでよう調べとったのに。

最近悲しかったコトは二の腕がちょっと太くなってしまったコトで、

最近嬉しかったコトは娘が少しずつ話せるようになったコトやって。
好きなコトも
興味があるコトも、
考えてるコトも、
感じているコトも、
想っているコトも、

日々一緒に過ごしていく時間の中でまるで四季のように変化していくから面白いんよね。

大切な人が今、一番求めているコトって何やろね？
今一番行きたい所はどこやろね？
今一番好きな食べ物って何やろね？
最近一番嬉しかったコトって何やろね？

最近一番悲しかったコトって何やろね？
今一番悩んでいるコトって何やろね？
今一番我慢しているコトって何やろね？
今一番欲しいモノって何やろね？
今一番聴いてほしいコトって何やろね？
今一番解ってほしいと思っているコトは何やろね？
今一番大切にしているモノやコトって何やろね？
今どんな将来を思い描いているんやろね？
今日どんな気持ちでどんな1日を過ごしたんやろね？

付き合いはじめた頃ってね、きっとすぐに解るんよね。

でも長く長く一緒にいると、一番そばにいるのに、一番解ってなかったりする。

付き合って、結婚して、3年も過ぎると、関心が薄れるのが「普通」らしいわ。

だったら俺は「普通」じゃなくてええな。

**興味がなくなったから関心を持てなくなるのではなく、関心を持たないから興味がなくなる。**

いつも、
ちゃんと見て、
ちゃんと聴いて、
ちゃんと関心を持つ。
好きなコトも、

望んでるコトも、
求めてるコトも、
以前に知った時とは少し変わってるかもしれないからな。
今この人にとって何が一番幸せなんかな？
今何を求めているのかな？
それに対して今自分ができることは何かな？
**沢山の人に関心を持つのは難しいけど、せめて自分の一番すぐそばにいる一番大切な人くらい、いつも関心を持ってようと思う。**

関心は持てるモノではなく
意識して持つモノ。

#「いってきます」と「いってらっしゃい」

うちの家は、例えどんなにケンカをしてても出かける時は必ず仲直りをして、
ちゃんとハグをして、
ちゃんと顔を見て、
「いってきます」
「いってらっしゃい」
を言うようにしとる。

悲しいコトに世の中には、
朝「いってきます」と家を出て、

夜「ただいま」を言えなかった方もいる。

待ってる人の元へ帰れるコトは決して当たり前のコトではないんよ。

「ただいま」を聞けるコトや、「おかえり」と言えるコト。

それは決して当たり前のコトではないんよね。

だからいつも出かける時は、
例えどんなにケンカをしていても、
例えどんなに忙しくて余裕がない時もね、
ちゃんと仲直りをして、
ちゃんと顔を見て、
ちゃんとハグをして、

ちゃんと「いってきます」と「いってらっしゃい」

を伝えるコト。

何よりもそれをいつも大切にする。
人間だから、
腹の立つ気持ち、
意地を張る気持ち、
照れ臭い気持ち、
余裕がない気持ち、
時には許せない気持ちもあるかもしれんね。
だけど、

そんなコトよりももっと大切なモノがあるよね？

それだけは毎日ね、忘れないでいようと思うんよ。

「ただいま」を聞ける幸せ。
「おかえり」を言える幸せ。

# 見えないファインプレー

ある日お風呂入ってる時にね、
のぼせてきたから扉をちょっと開けたんよ。
そしたら、奥さんが娘に何か話してる声が小さく聞こえてきてね。
「絵本でも読み聞かせてるんかな～」て何気なく聞いてたら……、

「今日美味しいご飯を食べるコトができたのは、
おとさんが一生懸命働いてくれてるからなんや
で」

**おっ何か素敵なコト言うてくれとるぞ！**

## お風呂から半分身を乗り出して耳を澄ませる俺（笑）。

「あなたが今日、新しい服を着るコトができたのは、おとさんが毎日一生懸命働いてくれてるからなんやで。

あなたやおかさんが、今日も笑って1日を過ごすことができたのは、おとさんのお陰なんやで。

おとさんは本当にすごいんや。

おかさんはおとさんのコトほんま尊敬しとんや。

だからいつもね、おとさんにありがとうなんやで」

そう言ってくれてたんよ。

いつも俺が知らないところで、こんな風に言ってくれてるんやな〜って、何かじ〜んときてね。お風呂で泣いてしもた。

## たしかにうちの奥さんは専業主婦だけど、それは家族の幸せの役割が違うだけでね。

「俺が養ってやっている」
「俺が食わせてやっている」
なんて思ったコトは一度もないんよ。

俺が安心して働くコトができるのも、
奥さんが美味しいご飯を作ってくれたり、
きめ細かいサポートをしてくれたり、
俺が働いとる間ずっと娘を見守ってくれとるからこそなんよね。

決して俺が1人で頑張って得たお金ではなくて、家族みんなの理解や協力があってこそ得たみんなのモノやと思っとる。

だから家族を養うコトも、大切に幸せにするコトも、俺からしたら当たり前のコトやと思っとるんよ。

でも奥さんはいつもね、

**決してそれを「当たり前」だと思ってないんよね。**


そこがすごいなと思う。

感謝や尊敬って、するモノでも求めるモノでもなくて心に溢れてくるモノ。

いつもその心が溢れている奥さんのコトを素敵やなって思うし、やっぱりいい女やな～て。心から尊敬する。

娘が俺のコトを大好きと懐いてくれるのも、
感謝や尊敬の気持ちを持ってくれているのも、
**それは決して俺1人の力なんかではなく、いつも知らない所で娘に伝えてくれている奥さんの見えないファインプレーのお陰なんよね。**

お風呂から出て、いつの間にか準備してくれていた洗い立ての下着とパジャマを着ながらね、

〝おとさん明日も頑張っちゃうもんねー！〟

と心の中でつぶやきました♪

自分も大切な人にとっての
そんなファインプレーヤーで
いたいよね。

# あれ？「愛」もうなかったっけ？

愛を色に例えるなら何色をイメージする？


奥さんと結婚して一緒に住みはじめた頃。

晩ご飯にチャーハンを作ろうと料理しとる時、塩コショウが台所の引き出し
どこ開けてもないんよね。

奥さんに、

「塩コショウもうなかったっけ？」

て聞いたら、

「あるよ〜♪」

て、なんと冷蔵庫からその調味料出してきたんよ（笑）。

「塩コショウは引き出しの中にあるモノ」としていた俺は、

「塩コショウは冷蔵庫にあるモノ」としている奥さんにカルチャーショック

やったわ。

どっちがいいかは未だに解らんし、どっちでもええねんけど（笑）。

もしあのまま聞かなかったら、塩コショウは引き出しの中と定義している俺

には、冷蔵庫の中にある塩コショウを一生見つけるコトはできなかったんよね。

**すぐそばにあるのに。**

愛も一緒かもしれんね。

**愛とはこういうもんやと定義を持った瞬間から、**

**それ以外の愛は見えなくなるんよね。**

何でもわがまま聞いてくれるのが親の愛だと思っている子供には、厳しさの中に隠れている親の愛が見えへんやろし。

いつも優しくきめ細かく、解りやすい愛情表現をしてくれるのが愛だと思っている女性には、例え不器用で言葉にするのが苦手でも、黙って行動で示す男性の愛が見えなかったりする。

**自分が持っている定義で世界を見ると、うちの家の塩コショウみたいに、そこに「ある」のに「ない」コトになったりするんよね。**

「いつも優しい言葉をかけてくれるのが愛」だと思っていたら、何も言わず見守ってくれている人の愛は見えないかもしれない。

「いつもニコニコ笑ってくれるのが愛」だと思っていたら、例え嫌われても真剣に叱ってくれる人の愛は見えないかもしれない。

「いつもそばにいてくれるのが愛」だと思っていたら、朝から晩まで働き家族を守ってくれている人の愛は見えないかもしれない。

## 愛の表現が違う人はいても、愛のない人はいない。

たまたま近すぎて見えなくなってたり、うっかり気づいてないだけでね、

**本当はちゃんとそこにあるんよね。**

ところで、愛を色で例えてイメージした色は何色やった？
夕陽のような温かなオレンジをイメージしたり、
燃えるような赤をイメージしたり、
淡いピンクをイメージしたり、
青やパープルをイメージした方もいるかもしれんね。
同じ名前の色でも淡い色か濃い色かもきっと人それぞれ違うと思うんよ。
【愛の色】そのイメージ1つとっても、きっとみんな一緒じゃないんよね。

もし愛情が見つけられなかったり、見当たらなくなった時はね、
「ない」と決めつける前に1回聞いてみてな。
**「あれ？　愛もうなかったっけ？」て**(笑)。
「あるよ～♪」ってね。
意外とすぐそばにあったコト、気づけるかもしれんよね。

「ある」と信じれば、
「ある」が見える。

# 親子は無意識。夫婦は意識

あのな、悪いけどおとさんは君のコトよりも、
いつもおかさんを大切にする。
いつもおかさんの味方をする。
もし2人が同時に落ち込んでたらな、おとさん先におかさんを励ますわ。
もし2人が同時に悲しんでたらな、おとさん先におかさんをハグするわ。
笑顔にする回数も、
支える回数も、
手を繋《つな》ぐ回数も、

ハグする回数も、
おかさんのほうがちょっぴり多いかもしれんな。
君のコトはね、
いつも「意識」しなくても愛せるんよ。
いつも「意識」しなくても大切にできるんよ。

親子という本能がそうさせるんかな、当たり前のように無意識に大切にできるんよね。

でもおかさんはちょっと違うねん。
おとさんとおかさんはね、**夫婦なんよ。**
夫婦と親子ってね、ちょっと違うんやわ。
おとさんは、いつもおかさんを一番に大切にする。

いつもおかさんの一番の味方でいる。

**何年経っても変わらず大切にできるように、**
**何十年経ってもそれを忘れないように、**
**おとさんはいつもそれをね、「意識」しとる。**

おかさんを心から愛し、心から大切に幸せにするコト。

それが、心から幸せを願い、心の底から愛しとる、大切な大切な娘である君に対して贈る、

人生で最初に出会う異性であるおとさんの最大最良の愛の動詞。

いつか君にも愛する人ができた時、きっとその意味が解ると思うわ。

おとさん

子供を愛するとは
伴侶を愛すること。

# 怒ってるんじゃなくて

夫婦ゲンカって、ささいなコトで起きたりするんよね。

でも本当はそのささいなコトが原因な訳ではなくて、
それまでの日頃の小さな小さな積み重ねが溜まり溜まって起きたりする。

話せば解るとても小さなコトも、遠慮したり我慢していると、いつしかそれは大きな感情となってある時姿を現す。

**本当は怒ってるんじゃなくて、ただ気づいてもらいたかったんよね。**

**本当は怒ってるんじゃなくて、ただ悲しかったんよね。**

**本当は怒ってるんじゃなくて、ただ解ってほしかったんよね。**

気づいてもらえなかった寂しい気持ち。

解ってもらえなかった悲しい気持ち。
心の底にフタをして、いつも見ないフリをしてた気持ちが行き場を失って、
「怒り」という感情に姿を変えて現れたりするんやわ。
ほんとは怒ってる訳ではなくて、

ただ解ってほしい！

その気持ちを強めに叫んどるだけなんよね。

誕生日や、結婚記念日や、クリスマス、年に一度の大きなイベントも大切だけど、
それ以外の三六〇日あまりの何でもない普通の日々の中に、
たくさん会話をするコト、
たくさん触れ合うコト、
たくさん心を通わせ合うコト、
何でもない普段の日常の中に、気持ちを解り合う時間や接点を持つコトが、

とてもとても大切なんやと思うわ。
それでもケンカして腹が立って、どうしても文句言いたくなった時はね、
「そういう○○なとこがムカつくんや〜！」の後に、
「まっそこがお茶目やけどな！」って付け加えるんよ。
後ろに無理矢理プラスの言葉を付け加えることで、なんか笑えてくるんよね。
そして最後の捨て（決め）ゼリフは
「愛しとるぞコノヤロ〜！」
これも言った後なんか笑えてくるし、
本当に大切なコトは何かを忘れずにすむんよね。

腹が立つのも
ケンカするのも
そこに愛があるからやんね。

# 愛って「気持ち」じゃないんよね

パートナーのコトを心から愛しているかどうか、長くそばにいると時には疑問を持つコトもあるかもしれんね。
俺も昔ね、一度だけ奥さんを愛する気持ちに疑問を持ったコトがあるんよ。
その時はもうアカンかもしれんなって諦めそうにもなったし、
離婚したほうがお互い幸せになれるんかもなって、
そんな選択肢も頭をよぎったことがある。
奥さんの嫌な所や不満な所ばかりが目に映り心を曇らせ、以前のように奥さんを愛せる自信がなくなってたんよね……。

でも別れる前にね、後悔しないようにもう1回できるコトをベスト尽くしてやってみようと思った。

それまで以上に奥さんの話に心から耳を傾けるようにした。

奥さんの話をジャッジせずまっさらな心で、それまで以上に理解しよう、共感しようと努めた。

心から関心を持ち、奥さんの全てを認め、それを尊重し尊敬し、それまで以上に大切に大切に接した。

## 奥さんが喜ぶコト。
## 奥さんが幸せを感じるコト。

いつもいつもそれだけを一生懸命考え、そしてそれまで以上にそれを行動で示した。

そうするとほんと不思議なコトにね、あんなに不満に思っていた所が霞《かす》んで見えなくなるくらい、奥さんがみるみる輝きだしたんよ。

以前にも増してどんどん魅力的でいい女になっていった。

奥さんの言葉。

奥さんの態度。

奥さんの1つひとつがまるで別人のように変化していったんよね。

その時、俺は初めて気づいたんよ。

良くも悪くも奥さんの姿は、俺の姿を映していただけだったというコトに。

奥さんへの愛がなくなっていた訳ではなく、日々の忙しさに流され、奥さんを愛する行動を俺はしてなかっただけなんやというコトに。

愛って、「気持ち」じゃないんよね。

例え愛する気持ちがあったとしても、「行動」しなければそれはないと同じなんやわ。

**愛がなくなったから「行動」しなくなるのではなく、「行動」しないからそこに愛が存在しなくなる。**

「愛」は「動詞」。

愛は「行動」して初めてそこに存在するモノ。

そして、愛せるか愛せないかではなく、

愛す（行動する）か、

愛さない（行動しない）か、

愛とは自らの意志を持ち「選択」するモノ。

もし愛する気持ちに疑問を持った時はね、

「行動」するコト。

もし愛が見えなくなった時はね、

「行動」するコト。

その時必ずそこに愛は存在しとるからね。

愛は“行動”した時に
はじめてこの世界に
現れるモノ。

# 2人の問題をなくす方法

うちの家はいつもね、俺も奥さんも、
自分がされて嫌なコトや、
悲しいコトや、
腹が立つコトは、
お互い我慢をせずにちゃんと伝える。
衝突を避けるためだったり、2人の関係を維持するために我慢をしてしまうとね、いつかその我慢がしなくてもいい衝突や、2人の関係に溝を作ってしまう原因になったりするんよね。
自分が感じた気持ちにフタをせず、

「俺はこれをされたら嫌な気持ちになるんよ」

「私はこれをされたら悲しい気持ちになるんよ」

**お互いにちゃんと「自分の気持ち」を伝える。**

決して、

「それはやめてね！」とか
「もっとこうしてほしい！」とは言わず、

「それをやめてくれたら私は嬉しい」

「こうしてくれたら私は嬉しい」

## いつも自分の気持ちを伝えて、それで終わり。

伝えるコトで自分が自分の気持ちを大切にできたから、
後は相手がそれをどう捉え、
どんな態度を選び、

どんな変化をするかは、
それは相手の大切な課題やもんね。

『伝える』っていうのはバトンを渡すというコト。

渡した後どうするかは、相手が決めるコトなんやわ。
人はみんな、自分自身の『課題』と向き合っているだけだから、
ほんとは『問題』なんてどこにも存在しないんよね。

自分の課題と相手の課題をごっちゃにすると、
「問題」に見えてくるからな。

燃えるゴミと燃えないゴミも混ぜたら大変なコトになるやろ（笑）？
だからちゃんと分けとこね。

問題は
どこにもないんよね。
あるのは
自分と相手の課題だけ。

# 旦那が奥さん褒めんでどうすんじゃい!!

## うちの奥さんね、ほんまいつも何も言わないんよ。

野菜が苦手な俺に、ただのひと言も「野菜食べなあかんよ！」とは言わず、いつもニコニコしながらさりげなく料理の中に美味しく野菜を潜り込ませてくれている。

俺の収入が少ない月にも何も言わず、ニコニコしながら質素だけど工夫して美味しいご飯を作ってくれる。

理不尽な出来事に対して怒っている俺を見ても、いつも何も言わずニコニコしながらそっとしておいてくれる。

俺が悲しんでる時、何も言わずニコニコしながら俺の好きなプリンをそっと買ってきてくれたりする。

俺に嬉しいコトがあった時、いつも以上にニコニコ笑って自分のコト以上に喜んでくれる。

仕事でも何でも、俺がやりたいコトをやる時、いつも何も言わずニコニコ笑いながら心から応援し、思う存分にやらせてくれる。

病《や》める時も、健《すこ》やかなる時も、
いい時も、またそうでない時も、

うちの奥さんはいつも何も言わない。

けど、いつもニコニコしながら、
誰よりも信じてくれていて。
誰よりも支えてくれていて。
誰よりも大切にしてくれる。

**「言わない」って中々できるコトじゃないんよね……。**
**『心配』を『安心』に変えたくてつい言いたくなるんよね……。**

何も言わないのは『大丈夫』と、自分と相手を心から信頼しているからこそなんやろな。

そんな奥さんの芯にあるあったかくて力強いモノにいつも助けられとる。

決して人をコントロールしようとせず、いつも自身はどう在るかにフォーカスし、それを黙々とやっている奥さんを心から尊敬する。

ほんまにいい女やなと思う。

世の中には色んなタイプのいい女、素敵な女性が沢山いると思う。

でも「俺にとっての」いい女は……

俺の奥さん！

それが大事やと思う。

またこんなコト言ったらね、
「奥さん褒めて照れ臭くないんか?」
「そんなおのろけて恥ずかしくないんか?」
て思う人もいるかもしれんけど……

俺に言わせれば

**旦那が奥さん褒めんでどうすんじゃい!!**

やわ。

何があっても、
そばでニコニコしてくれる人がいる！
ってだけで、
人はどこまでも強くなれる。
頑張れる。

# 「マンネリ」は「ホッコリ」

奥さんと手を繋いで歩いてても、もう昔ほどドキドキはしないんよね。
奥さんと一緒にご飯食べてても、
奥さんと一緒にどっか出かけても、
奥さんと一緒に寝ていてもね、
もう昔ほどトキメいたりドキドキはしないんよ。
でもね、奥さんと手を繋いだら、なんかいつも
ホッコリする。

ご飯食べてても、

どっか出かけても、
一緒に寝ていても、
もうそんなドキドキはしないけど、

## いつもホッコリするんよね。

今日まで一緒に泣いたり笑ったり、時にはケンカしたり、
楽しいコトや嬉しいコト、
辛いコトや悲しいコト、
**そうやって色んな経験や体験を、1つひとつ共に過ごし積み重ねてきた歴史**
**があるからこそ、こうしてそばにいてホッコリできる存在になれたんよね。**
「マンネリ」という言葉は、あまり良くないコトかのようにされとるけど、
色んなコトを一緒に乗り越え、

共に歩み続けてきた歴史が織りなす、

「何気ない今日」という日を2人で迎えるコトができた、本当はとっても幸せなコトなんやわ。

**人が幸せを感じるのに、最も大きな感情は「安心感」。**

それはどんなトキメキやドキドキよりも、遥かに幸福感を感じさせてくれる。

「マンネリ」は解消するモノではなく、ホッコリと味わうとてもとても幸せなモノ。

トキメキやドキドキもいいけど、
2人で築きあげた
マンネリのほうがずっと幸せ。

# 「最初」と「最期」の日のように……

初めて出会った時。今日と同じ自分やったやろか？
もし今日が最期の日だったら、今日と同じ自分でいるやろか？

長く長くそばにいるとね、ついつい全てのコトを当たり前のように錯覚し、
相手を褒めるコトや尊重するコト、
心から話を聴くコトや素直に謝るコト、
ありがとうと心から感謝するコト、
関心を持つコトや、愛情を表現するコト、
**そうやって大切な人を大切にするコトを、ついつい忘れてしまったり、後回**

**しにしてしまうんよな。**

でも初めて出会った日はどやった？
もし、今日が最期の日やったとしたらどうする？

きっと今の自分、今日の自分と同じではないんちゃうかな？

つまらないコトに不満を持ったり。
取るに足らないささいなコトで腹を立てたり。
つい意地を張って謝らなかったり。
今は忙しいから、なんか照れ臭いから、
いつか言おうと大切な言葉を先延ばしにしたり、
大切な人を大切にするコトや、大切な人を幸せな笑顔にするコトを、決して後回しにしたりなんかしないんちゃうかな？
例えどんなに長くそばにいようとも、
必ず最初の日があったというコト。

そして、いつか必ず、
最期の日があるというコト。

それをいつもね、忘れないでいたいよね。
「最初」と「最期」の日のように、
「今日」、その大切な人を大切にできる自分でいたいなと思うわ。

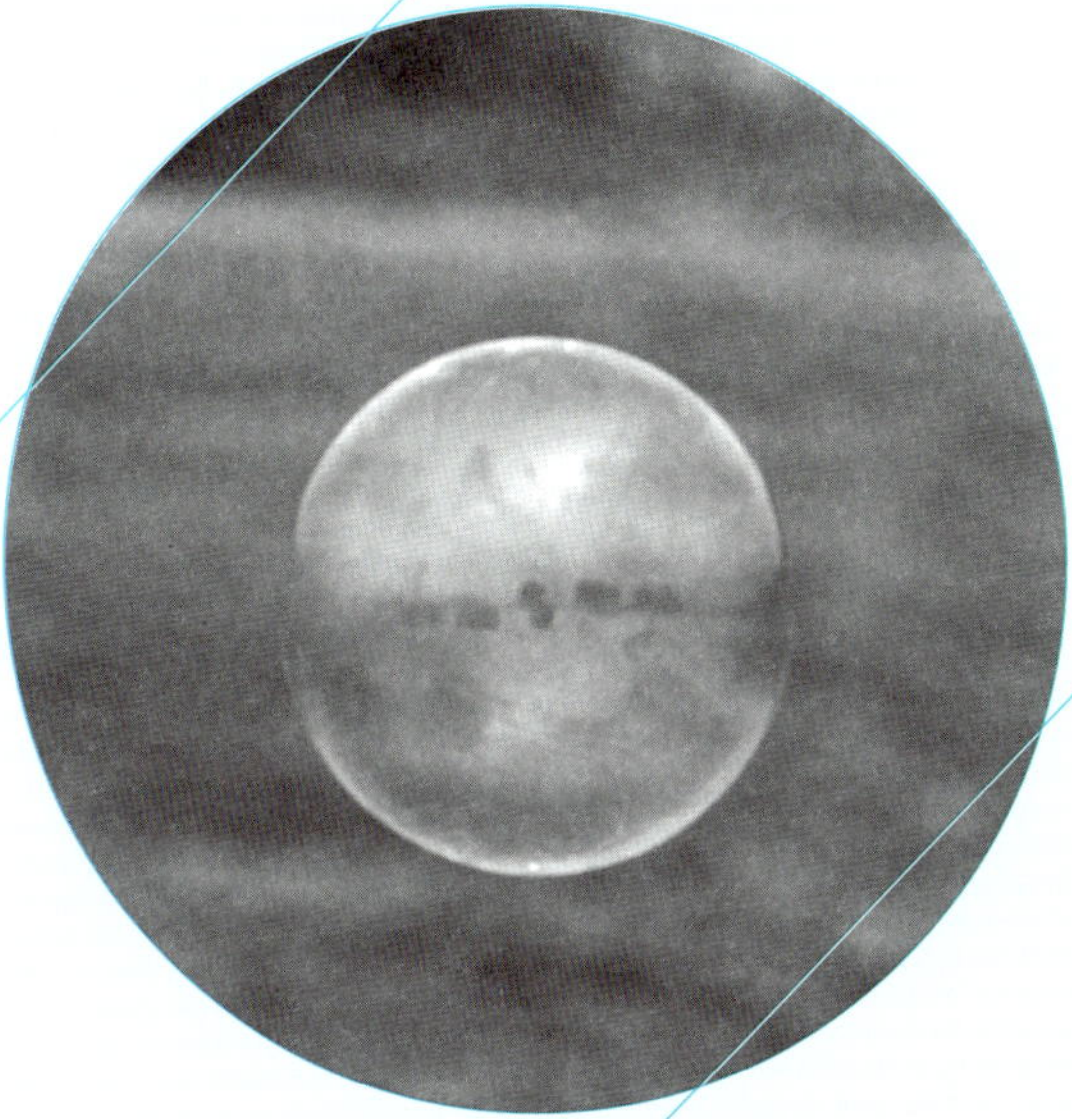

もしも今日が出会った日だとしたら？
もしも今日が最期の日だとしたら？
今日あなたは何を大切にしますか？

第 3 章

# 親子で幸せになる

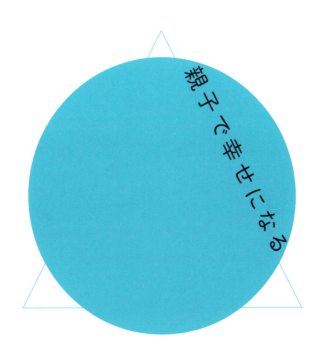

親子の数だけ幸せの数があるから
子育てに正解はないんよね。

ただ1つだけ確かなことは
『お母さん（お父さん）が幸せでいるコト』
それが子育てで最も大切なコト。

子供のためならどんな犠牲や我慢もいとわず
自分を後回しにしてでも
子供を幸せにしようと
無意識につい頑張ってしまうのが親。

だからこそ1人の人間として
自身を大切にするコトも忘れず、
「意識」して大切にするコト。

子供と一番長くすぐそばで過ごすのは、
お母さんとお父さん。

お母さんとお父さんが幸せでいることが、
子供にとっても一番幸せなコトなんよね。

# 部屋が散らかっている本当の理由

例えば、仕事から帰ってきた時に、家がすごく散らかってたとしてね。

「奥さん部屋片付けや〜」なんて俺、絶対言わへん。

何も言わずに静かに自分で片付けてね、それで休みの日に娘と2人で1日デートに出かけるんやわ。

その間奥さんにはゆっくり睡眠をとってもらったり、1人の時間をのんびりゆっくり好きなように過ごしてもらうんよ。


そしたらね、不思議なコトに家が散らかるコトがなくなったんよ。

例えば、奥さんが元気ないな〜とか感じたら、「何や元気出せや〜」、なんて俺絶対言わへん。

何も言わずいつもよりもっと深〜く奥さんの話を聞かせてもらうようにしとる。

そしたら普段聞いたコトもないような話が聞けたりして、

そっか〜そんなコト考えとったんやな〜。

そういうのしたかったんや〜。

そんなコト心配しとったんやな〜。

あっ、そこ行きたかったんか〜。

て、奥さんの話したいコトや考えてるコトを楽しくゆっくり聞かせてもらうんやわ。

**そしたらね。不思議なコトに奥さんすっごい**

## 笑って元気になるんよね。

ついつい目の前で起こる現象や出来事を表面的に捉えて反応しそうになるけど。


**大切なのは、その目に見える現象の大元の原因はどこにあるのか？**

**その本質を見るコトなんやわ。**

部屋が散らかってるの見て、

「部屋片付けや〜」。

これ、目の前の現象をただ表面的に見てると言ってしまうんよね。

**でも部屋が散らかってる現象の原因は、睡眠不足だったり、心に余裕がなくなってたりするコトからきてたりするんやわ。**

元気がない姿を見て、

「奥さん元気出しや〜」。

これも現象を表面的に見てるとつい言いそうになるんよね。

**でも元気がないコトの原因となってるのは、**
**心配事があったり、**
**悩んでるコトがあったり、**
**もっとコミュニケーションを深く取りたいと思ってるコトから、**
**きてたりするんやわ。**

**物事を表面的に見て、表面的に反応し、表面的に改善しようと思っても、その現象ってなかなか改善されないんよね。**

**その原因が全然別の所にあったりするから。**

大切な人と幸せな関係を築いていく中で、もし問題が現れたとしたら、
この現象の原因はどっからきてるんやろな〜？

どこを改善すれば良くなるんかな〜？

目の前で起こる出来事の原因、その「本質」はどこにあるのかをちゃんと見極めること。

それ、とてもとても大切なコトやと思うわ。

目の前に現れる現象は
何を教えてくれているのだろう？

# すでにそうなっている人

娘が生まれたばかりの頃から、うちの奥さんはいつもね、

**「この子おとさんのコト大好きやで」**

**「おとさんの顔見たら笑うもん」**

**「おとさん帰ってきたら喜ぶもん」**

いつもそう言ってくれるんよ。

何かそんな風に言われ続けると、
だんだん娘のコトが愛《いと》おしく思えてきたり、
そっか俺父親なんやなって自覚ができてきたり、

俺の存在を必要としてくれてるんやなって嬉しく思えるんよね。

多分ね、生まれたばかりの頃の娘は、まだ俺のコトよく解らんし、まだそんなに好きという感情もなかったと思うんよ。

最初の頃は別に俺の顔見ても全然笑ってなかったしね（笑）。

俺自身も、今ほどの愛情を最初から娘に対して抱いていた訳でもなかったと思う。俺のお腹から出てきた訳でもないからな（笑）。

この小さな存在を目の前にしても、いまいち実感というかピンときてなかったんよね。

そんな俺が今、娘と良い関係を築くコトができているのには、奥さんの存在がとてもとても大きい。

奥さんはいつも、

「あなたは素晴らしい父親」、「あなたは素敵な夫」、
「すでにそうなってる人」として扱ってくれる。
「すでにそうなってる人」として言葉をかけてくれる。
「すでにそうなってる人」として接してくれるんよ。

だから俺は「そうなれた」と思う。

あなたはすでに素晴らしい父親。
あなたはすでに素敵な夫。
全然そうじゃなかった頃から、
全然何もなかった頃から、
**すでにそうなっている人。**

**すでにそう「在る」人としていつも接してくれた。**

もし俺が今、素敵な夫、素敵な父になれてるのだとしたら、それは紛れもなくうちの奥さんが育ててくれたんよね。

人間ってね、
自分が自分で信じている通りの人間、
セルフイメージ通りの人間になる。

だからこそ人は、
すぐそばの人にかけられた言葉、接してもらった態度、
信じてもらった通りの人間になるんよね。

# すぐそばの人の「前提」が人を大きく育てるんやわ。

「こうなってほしい！」と変わるコトを願うよりも、
すでに「そうなってる人」、
すでに「そう在る人」という前提を持つコト。
それがとてもとても大切なんやと思うわ。

大切な人のセルフイメージを
高めてあげたり、
気づかせてあげられる人のコトを
影響力のある人と呼ぶ。

## その日まで「ただいま」はお預け

うちの家は、「ありがとう」、「ごめんね」、「いってきます」がよく響く家なんやけど、

**「ただいま」。この言葉だけは滅多に響かないんよね。**

いつも仕事から帰ってくる時、試験管を持つ研究者のように細心の注意を払いながら玄関のドアをそ～っと開ける。

家に入ったら怪盗ルパンのようにつま先立ちでそ～っと歩く。

部屋に入ってもずっと忍び足で、まるで忍者のように気配を消すんよ（笑）。

だってな。奥さんがせ～っかく寝かしつけた娘を起こしたら申し訳ないもんね。

帰ってきて家の中を見渡すとね、台所もリビングも「泥棒でも入ったんか⁉」ていうくらい散乱しとる。それ見るとね、奥さんがどんな1日を過ごしてきたのかを容易に想像できるんやわ。

休憩時間もなく、自分の食事もままならず、残業どころか睡眠時間も削ってず～っと育児をしている奥さんに比べると、10時間働いて帰ってきた俺なんか、「疲れた」なんて言えんよね。

**だから「ただいま」はなしやわ。**

洗い物もあったら自分でやる。洗濯機も回し終わってたら自分で干すし、部屋も片付ける、自分でパパッと作れるからご飯がなくても全然大丈夫や。

俺がやるコトは、帰ってきて娘を抱っこしたい衝動をグッと抑え、静かに自分ができるコトをやる。

**それが1日戦った（うん！　戦うという表現であってると思う）奥さんに対する敬意と感謝の行動。**

オムツ替える回数や、ご飯食べさせる回数、遊ぶ回数や、寝かしつける回数は、奥さんに比べたらやっぱり圧倒的に少ないんやけど、

奥さんにのんびりしてもらうコト。

奥さんにゆっくり寝てもらうコト。

奥さんの心や体をケアしたりサポートするコト。

それは俺にしかできない数少ないコトやと思うとる。

もうちょっとかな。
もうちょっとしたら、
大きな声で「ただいま!!」て
言える日が来るから。
それまで「ただいま」はお預けやわ。

# 俺の妻は、抜けてる訳でも天然でも病気でもない

確かにうちの奥さんは、娘が生まれてから、よく物忘れをしたり、なくしモノをしたり、ぼ～っとすることも増えたと思う。

**でもそれは決して、奥さんが抜けてるからでも、天然でもなんでもなくてね。**

**奥さんの思考と体力、エネルギー。**

**それらほとんどは娘に注がれ使い果たすからなんよね。**

毎日毎日。目の前の小さな命を片時も目を離さず守り、話し、遊び、教え、触れながら、命を守り育てるということは、日々とてもとても大きなエネルギーを使う。

奥さんはいつもその最前線にいるんよね。俺が仕事で家を空けている間も、俺が夜眠っている間も、奥さんの思考とエネルギーのほとんどは娘に注がれる。

本当にすごい！　本当にすごいことなんよね。

だからもしね。

**抜けてる所があれば、俺が埋めればいい。**

**もし忘れることがあれば、俺が覚えていればいい。**

**もし無くしモノがあれば、俺が探して見つけてあげればいい。**

奥さんは決して抜けてる訳でも、天然な訳でもサボってる訳でも、ましてや病気でもなんでもない！

俺はお医者様じゃないから産後のホルモンバランスや細胞の関係とかそんな小難しいことは何も解らんけど、

**ただ1つだけ解っているのは、奥さんは娘にとって大好きな母であり、そんな母であり妻である奥さんのことを、俺は心から感謝し尊敬し愛しとる。**

そしてその奥さんをいつも守り支え大切にするコトができるのは、娘の父であり、奥さんの夫である、俺にしかできない大切な役割。

父親の子育ては、オムツ替えるだけじゃない。

お風呂に入れるだけじゃない。

たまに遊んであげるだけでもない。

**いつも何よりも、奥さんを大きな笑顔と大きな心で包み込み、いつも心と身体を大切に支えてあげるコト。**

それが一番大切なんやと思うわ。

お父さんは仕事も家のコトも、子育てや奥さんのケアまで大変⁉

大丈夫！

だってお父さんやからな。

母親を大きな笑顔と
大きな心で包み込み、
心身ともに支えるコトも、
父親にとっての子育ての1つ。

# 今はただ、母であるコトを感じようや

ほんとは自分でやりたいんよね。
ほんとは毎日洗濯したいし。
ほんとは3食ご飯も作りたいし。
ほんとは布団も毎日干したいし。
ほんとは部屋中に掃除機かけたいし。
ほんとは本棚の整理もしたいし。
ほんとはいつも家を綺麗にしておきたい。

**でもいつも、それができないから悲しいんよな。**

気持ちではやりたくても、したくても。
寝不足で気力がついていかなかったり、疲れて体がついていかなかったり、
娘に遊んで〜抱っこして〜おっぱい飲ませて〜て遮られて、いつもやりたいコトやしたいコトを、最後までできないのが悲しいんよな。

ほんとは自分でしたいのに……。
ほんとは自分で最後までやり遂げたいのに……。

やらなくてええで。
頑張らなくてええで。
もっとのんびりしたらええで。
俺がいくらそう言っても、娘や俺のためにやりたい、やってあげたい。
いつもそう思ってくれてるんよな。

俺がご飯作った時。
すごく喜んでくれるけど、
**ほんとに嬉しいのは自分で美味しいご飯を作れた時なんよね。**

俺が洗濯した時。
すごく喜んでくれるけど、
**ほんとに嬉しいのは自分で毎日洗濯できた時なんよね。**

俺が部屋を片付けた時。
すごく喜んでくれるけど、
**ほんとに嬉しいのは自分で最後まで片付けられた時なんよね。**

母親とはこうするべき、妻とはこうあるべき、そう思って無理して頑張って

やろうとしてたのではなく、ほんとはただ、

**母としての愛、妻としての愛を形にして伝えたかっただけなんよね。**

いつもいつもいつも、やりたいコトやしたいコト、沢山沢山諦めてるコト。

俺の知らない所で心が泣いてるコト。

きっといっぱいあるよね。

やりたくてもできない時って辛いよな。

したくてもできない時って悲しいよな。

最後までやり遂げられない時って切ないよな。

でも俺思うんやけどね。あと何年やろな、こうしてやりたいコトや、したいコトができないのって。

今はまだ、俺達がいないと1人では何もできないこの小さな小さな娘も、いつか自分で歩き出す日がくる。

いつか自分で何でもやり始める日がくる。

いつか、俺達のそばから巣立っていく日がくるんよね。

お菓子を持ってスーパーを走り回る娘を追いかけるコトも、
抱っこ抱っこと泣いて足にしがみついてくる娘を抱きかかえるコトも、
テレビがしまじろうやアンパンマンに占領されるコトも、
お風呂をダダこねて裸で逃げ回る娘を追いかけるコトも、
ドアをフルオープンにしてのトイレも、
夜泣きに起こされ眠い目をこするコトも、
食べこぼしででろでろになった絨毯《じゅうたん》を拭くコトも、
つい、「もう〜っ」て叫びたくなるコトも、

# そんな日々も、いつか終わりがくるんよね。

俺達はきっとその時、この大変な日々を振り返りながら、きっと懐かしく思い、そして少し寂しく思う日がくるんよね。

いつかね。

洗濯だってご飯だって掃除だって布団干すコトだって、好きなだけやれる日がくるんやで（笑）。

その頃にはもう、毎日やるのめんどくさいな〜て思うくらい、やりたいコトやしたいコト、最後までやり遂げたかったコトが、この小さな愛しい娘に邪魔されず思う存分できる日がくるんやで。

今はまだまだできないコトも沢山あるけど、今だからこそ経験できるコト、今しか経験できないコト、俺達はそれを今経験させてもらってるんやと思わへん？
今しかできないコト。

**それは母であるコトをただ感じるコトなんちゃうかな。**

ただあなたが母であるというコトを、娘と過ごす日々の中、娘のすぐそばでただそれを感じるコト。

それって今しか経験できないとてもとても幸せなコトやと思わへん？

今この瞬間の日々の中でしか感じるコトができない母であるというコトの喜び。

ただそれをゆっくりと、ただただそれだけを感じてみてほしいな。

俺もな、今しかできないコト沢山経験させてもらっとるで。

料理の腕も上がってきたよ。

洗濯物もパパパーンて干せるようになったよ。

シャツのアイロン掛けも今練習中や。あれプシュ〜って蒸気が出るのちょっと怖いけどな。

掃除だって片付けだって、やってもやっても娘が散らかすコトを想定して6割掃除のコツも掴んだよ（笑）。

俺も今、今しかできないコトを沢山経験させてもらっとる。


いつかね、また毎日美味しいご飯作ってな。

**あなたが作ってくれたご飯のほうが美味しいからな。**

いつかね、シャツも毎日アイロン掛けしてな。

**あなたが掛けてくれたシャツのほうがパリッとなるからな。**

今はまだ2人でデートも中々できないけど、いつかね。

**行きたい所も、やりたいコトも、したいコトも、ぜ〜んぶその時一緒にやろうな。**

そう遠くない未来に、いつか必ずその日がくるからな。だから大丈夫や。

**今しかできないコト、今しか経験できない幸せを、今はただゆっくりと感じよう。**

焦らずゆっくりとね、

母であるコトの幸せ。今はただそれだけを感じようね。

郵便はがき

お手数ですが
切手を
お貼りください

150-8482

東京都渋谷区恵比寿4-4-9
えびす大黑ビル
ワニブックス 書籍編集部

**お買い求めいただいた本のタイトル**

本書をお買い上げいただきまして、誠にありがとうございます。
本アンケートにお答えいただけたら幸いです。
ご返信いただいた方の中から、
**抽選で毎月5名様に図書カード(1000円分)をプレゼントします。**

| | |
|---|---|
| ご住所 〒<br><br>TEL(　　-　　-　　) | |
| (ふりがな)<br>お名前 | |
| ご職業 | 年齢　　歳<br>性別　男・女 |
| いただいたご感想を、新聞広告などに匿名で使用してもよろしいですか?　(はい・いいえ) | |

※ご記入いただいた「個人情報」は、許可なく他の目的で使用することはありません。
※いただいたご感想は、一部内容を改変させていただく可能性があります。

## ●この本をどこでお知りになりましたか?(複数回答可)

1. 書店で実物を見て　　2. 知人にすすめられて
3. テレビで観た(番組名：　　　　)
4. ラジオで聴いた(番組名：　　　　)
5. 新聞・雑誌の書評や記事(紙・誌名：　　　　)
6. インターネットで(具体的に：　　　　)
7. 新聞広告(　　　　新聞)　　8. その他(　　　　)

## ●購入された動機は何ですか?(複数回答可)

1. タイトルにひかれた　　2. テーマに興味をもった
3. 装丁・デザインにひかれた　　4. 広告や書評にひかれた
5. その他(　　　　)

## ●この本で特に良かったページはありますか?

[　　　　]

## ●最近気になる人や話題はありますか?

[　　　　]

## ●この本についてのご意見・ご感想をお書きください。

[　　　　]

以上となります。ご協力ありがとうございました。

夜泣きも、
わがままも、
食べこぼしも、
今しか見られない
最高の景色。

# ママも誕生日

**2190回（1日平均6回×365日）。**
オムツを変えた回数。
**730回（1日平均2回×365日）。**
お風呂やシャワーに入れた回数。
**4380回（1日平均12回×365日）。**
授乳をした回数。
内、約半分の2190回は、眠い目をこすりながらの夜中の授乳。
そういえば原因不明の大泣きで夜中に救急車呼んだこともあったよね。

あの時は初めてでほんと不安やったよな。

初めての子育て。

全てが〝初めて〟の連続で、ほんと試行錯誤、手探りの日々だったコト。

何千回とかね、回数にするとただの数字だけど、ただの数字じゃないんよね。

その1回1回にすごい色んな想いと愛情が込もってるんよな。

俺が仕事で家を空けてる時、1人で悩んだことも、1人で泣いた日も、きっとあったと思う。

でもただの一度も愚痴らず、いっつもニコニコ最高の笑顔を、この1年間で何万回も娘に与えてくれていたよね。

今日めでたく1歳を迎えた娘。

と同時に、うちの奥さんがママとして初めての1歳を迎えた日でもある。

もう振り返ったら今も涙が出てくるんやわ。

奥さんほ～んまによう頑張ってきた!! 俺、よう知っとるもん。

夫として父として、一緒に子育ての日々を過ごしてきたけど、やっぱり奥さんには敵わない。どんなに頑張っても奥さんの半分もできてなかったと思う。

今、娘がこうして1歳を無事迎えることができるのも、ほんとに奥さんの愛情と努力のお陰。

正直、娘に「おめでとう」という気持ちよりも、奥さんに対して本当にありがとう！

## ママ1歳本当におめでとう!!

その気持ちのほうが大きいわ。

子供のお誕生日はママとパパのお誕生日でもある。

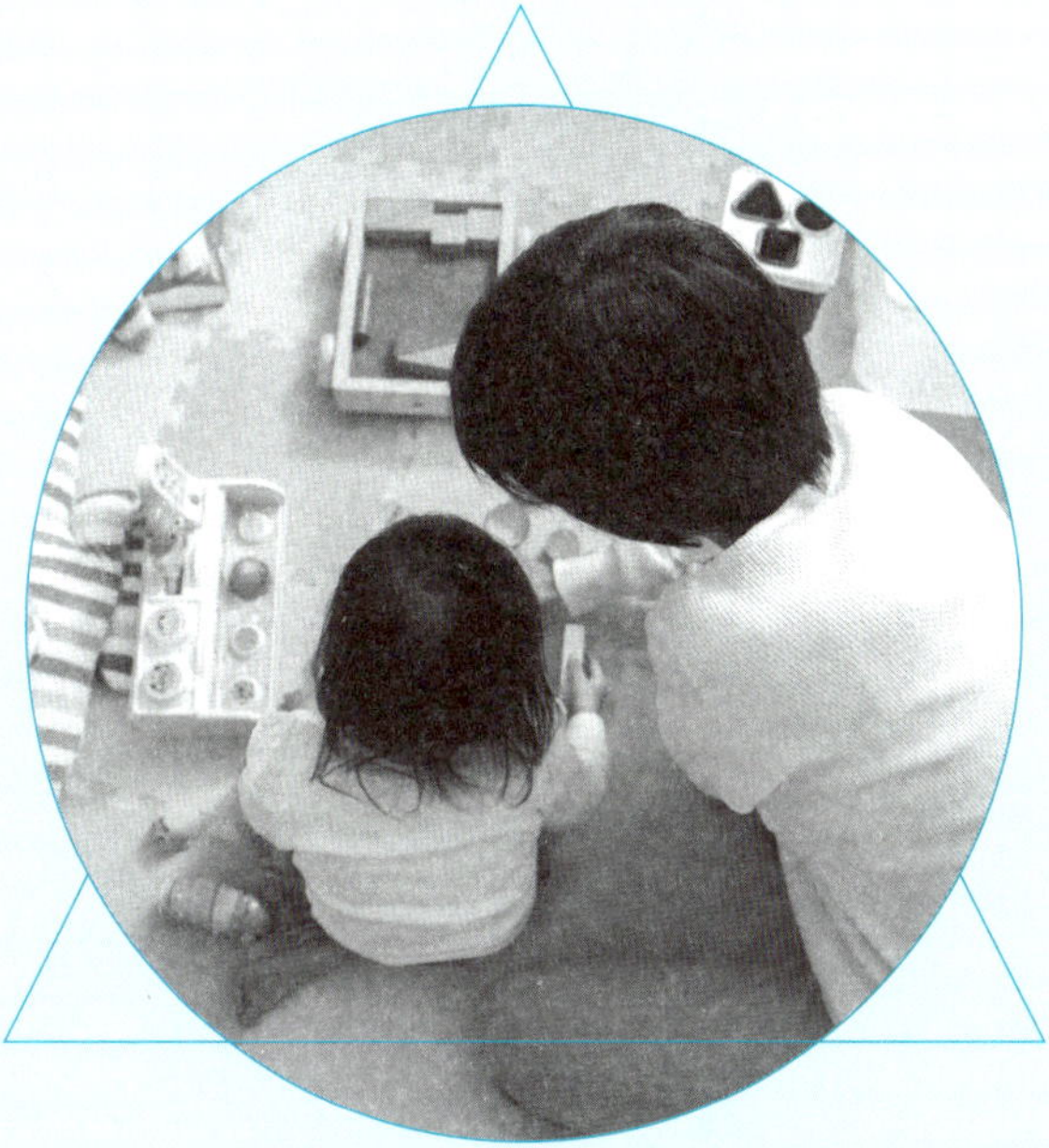

娘が１歳を迎えられたのは、
365回分の「初めて」を
乗り越えてくれた、
ママの存在があるから。

# 「○○さんの奥さん」「○○ちゃんのお母さん」である前に

仕事が休みの日は奥さんに1人の時間をプレゼントして、1日娘と2人で過ごすんやけど、まぁ全てが予定通りにいかへんねん。

例えばうちで過ごす時は、午前中に洗濯機回して、
その間に娘にご飯作って、食べさせ終わったら洗濯物干して、
昼から公園行って遊んで、おやつ食べさせて帰りに買い物して、
ちょっとお昼寝させて、その間に読みたかった本でも読んで、
夕方ご飯作ってお風呂掃除して、娘をお風呂に入れて、
晩ご飯食べさせて絵本読んで寝かせよう。

**な〜んていつものように予定を立ててスタートするんやけど、そんな思い通りにいかへんねん。**

まず洗濯機回した時点で娘が泣き出してね、オムツがパンパンやったからオムツ替えて、泣きやんだと思ったら今度はオモチャのカゴをガシャーン……。遊んでくれの合図やねん（汗）。

そこから1時間以上一緒に遊んでね、気がついたらもう昼やん。

あかんご飯作らなあかん！

あっ洗濯物も回し終わっとる。

そして、俺もトイレ行きたい……。

トイレに入ったら入ったで姿が見えんから寂しいんやろな。ドア閉めたら娘がドアの向こうで扉を叩きながら泣いて俺を呼ぶんよ。

だからいつもドアをフルオープンでご対面（笑）。

開けたら開けたで足に抱きついてくるからおとさんゆっくり出るもんも出えへんねん（汗）。

目を離したスキに娘が何か危ないコトをしないか常に気になり、視界から消せるコトもないし、ご飯作って食べさせようとするも、予定では30分くらいで終わるはずやねんけどそれは大人のイメージやわ。

娘はまず食材を指でつまんで机に並べ出す謎の儀式から始まり、時折「あぁ〜っ」と雄叫《おたけ》びを上げながら茶碗をガシャーン……。

怒らず慌てず優しい声でゆっくりじっくり食べさせようとするも、なぜかご飯にかけたふりかけの海苔《のり》ばかりをチョイスして食べる。

海苔だけじゃおっきくならんからご飯とこのニンジンも「あ〜んよ」と優しく教え、やっともぐもぐと食べたかと思うと「だ〜っ」と一気に口から出す。

フェイント……？

食べ終わってないうちに今度は視線がオモチャへ移る。

「あかんよこれ食べてからやで」と優しく伝えるも娘はお構いなしにスタンドアップ！

親の心子知らず（泣）!!

手も服もご飯粒つけまくった体でオモチャへまっしぐら!!

その間に速攻座ってたイスと床に散乱したご飯やおかずを拾う。

この間すでに1時間経過。

あかん……洗濯物早よ干さんと陽が陰るやん（汗）。

オモチャで遊んどる今のうちに！

速攻干し始めるもすぐに娘が机の角を両手で掴みながら何やら唸《うな》っている。

悟りでも開こうとしとるんかな？　と思った瞬間……

ブリブリブリッ！

……オムツ脱がして風呂場へダッシュ！

体をキレイに拭いてやっと服を着替えさせた瞬間、

ブリブリブリブリッ！

えっ……。

またオムツ脱がして風呂場へダッシュ（泣）！

時計見たらもう3時や。あかん。

公園連れてって運動させなあかん！　よっしゃー今度は公園やー！

おとさんチャリ立ち漕ぎ！

# WANI BOOKOUT 豪華連載陣一覧！

## LIFE STYLE

**三尋木 奈保**

ファッションエディター
大人気エディター三尋木奈保さんが綴る、最高のお酒と食の楽しみかた。

**本多 さおり**

整理収納アドバイザー
素敵なホテル探訪を愛する本多さおりさんがおすすめのホテルをご紹介。

**神田 恵実**

nanadecor ディレクター
超忙の日々でもできる、ちょいマクロビな簡単ヘルシーごはんの作りかた。

**井上 裕美子**

フードスタイリスト
旬の食材を使ったお手軽レシピをご紹介。いつもの食卓に彩りを。

**森田 敦子**

フィトテラピスト
植物療法の第一人者が伝える、体調を整えるのに役立つ「植物の力」。

**ウツノアイ**

ファッションエディター
ジュエリーデザイナーでもあるアイさんがお届けする日々のおしゃれ通信。

**寺澤 ゆりえ**

イラストレーター
ファッション誌を中心に活躍する寺澤さんが描く「街のオシャレさん」。

**YURI**

ライター＆舞台演出家
双子の男児を育てる大変さ＆楽しさ満載の日記。育児のお役立ち情報も！

## CULTURE & ENTERTAINMENT

**DJあおい**

辛口映画コラム
フォロワー計 33 万人！ 大人気恋愛アドバイザーが挑む、初の映画評論。

**STUDY**

ゆるっと漫画
Twitter で大人気のウサギさんが教える、クスッと笑える大人のたしなみ。

**クスドフトシ**

しあわせコラム
幸せになるとっておきの方法、それは…他の誰かを"笑顔"にすること。

**山田 玲司**

恋愛指導 BAR
"モテ"の絶対理論を確立した漫画家による「超実用的恋愛ストーリー」。

**村松 奈美**

恋愛心理学
結婚、浮気……恋愛の悩みを解決するヒントは心理学にありました。

**印南 敦史**

書評コラム
「ライフハッカー」でも人気の書評家が、数多の本から見つけた"神の一文"。

**ワニブックス公式 LINE スタンプ完成！**

1時間くらい遊んだら帰ってアレやってコレやってとイメージするもこれがまた1時間で終わらへんねん。

滑り台連続10回やっても一向に飽きる気配のない娘。相反して次第に体力を失いつつある俺。

そういえば俺、お昼食べてないやん……。

この後買い物して帰って、

ご飯作ってお風呂掃除して、

お風呂入れてご飯食べさせて、

絵本読んで寝かせる。

洗濯物も!!

まだまだやるコトいっぱいあるやんけ〜(汗)。

よっしゃー娘よ帰るぞ〜! と抱きかかえるも滑り台に飽きてない娘は全力

で泣き出して拒否！

どこにそんな力あんねん⁉　というくらい全身をピーーンとまっすぐに仰《の》け反《そ》らせ自転車のベビーシートに乗るのを全力で拒否！

泣きじゃくる娘を抱えて公園を走り去る俺は、はたから見たら完全に誘拐犯やわ（汗）。

帰り道もいつの間に拾ったん？　ていうような葉っぱをポテチ食べるみたいに食べとるし、一瞬も目が離せへん。

結局その後もバタバタで、洗濯物干し終えたんは娘が寝た後やわ。

自分が読みたかった本？

そんなもんとても読まれへん。

奥さんが帰ってきた時はほんま後光が差してた

もんね（笑）。

よう～帰ってきてくださいました!!

お帰りなさいませ!!

三つ指ついてお出迎えやわ。

奥さんにはね、とてもとても敵わないけど自分なりに親として子育てをしていて思うのは、

**自分の意思や予定、思い通りにいかないコトがどれだけ大変かというコト。**

全てが子供中心で1日が回るから、やりたかったコトができなかったり、色んなコトがやりかけたままで終わってしまうんよね。

俺、働いてて確かに仕事は大変やと思う。

働いてお金を稼ぎ家族を養うというコトはどえらいプレッシャーがある。

でも仕事って、割と自分の意思で段取り組める。

お昼は自分が食べたいモノを自分のペースで食べれるし、合間に読みたかった本だって読める。


**大体が予定通り1日が終わる。**

**でも子育てって、自分の意思や予定や段取り通りにはいかないんよね。**

## 子供の意思や体、命という第一優先があるから。

両方経験しながらいつも思うのは、そういう意味で子育てのほうが大変やなって、奥さんにいつも敬意と尊敬と感謝の気持ちで溢れる。

だからできるだけね、奥さんに対して、奥さんの意思や気持ちを尊重してあげたいと思うんよ。

いつもいつも自分の意思や予定、思い通りにいかない日のほうが多い奥さんに、やりたいコトやしてみたいコトはどんなコトでも理解して全力でそれをさせてあげたいと思うんよ。

いつも何かをやりかけて1日が終わってしまう奥さんに、何か1つでもやりたいコトを最後までね、何にも遮られるコトなくやり遂げさせてあげたいと思うんよ。

娘だって滑り台飽きてないのに途中で連れて帰られると泣き出すように、**奥さんもきっと日々の中でやり遂げられなくて心の中で泣いとるコト、いっぱいあると思うんよね。**

奥さんは俺の妻である前に、

娘の母である前に、

## 1人の女性。
## 1人の人間なんやもん。

休みの日に奥さんに1人の時間をプレゼントするのも、その時間の中で、
遊びに行ってもいいし、
寝てもいいし、
美容室行ってもいい、
読みかけて終わった雑誌を誰にも邪魔されずに読み終えるコトかもしれない。
やりかけで終わった掃除機を全ての部屋にかけるコトかもしれない。

**何でもいいから奥さんが好きなコトややりたいコトを自分の意思で自由に予定を立て、そのやりたかったコトを最後までやり遂げる気持ちを味わってほしいなって、いつもそう願っとる。**

1人の女性として、1人の人間としてね。ほんまにいつも幸せでいてほしいなと、ただそれだけなんよね。

いつも自分のコトを後回しにしがちな奥さん。せめて俺の前だけでもね、自分の気持ちや意思を大切にできるようにサポートしてあげたいと思う。

娘も1人の人間としての意思や気持ちがあるからね、やりたいコトを俺の都合で中断させるコトがないように体力が続く限りできるだけやらせてあげたいと思う。

滑り台も15回までは付き合う（笑）!!

子育ても、小さいうちは大変なコトもあるけど、それでも娘が笑ってくれるだけで、どんな苦労も癒されるし親を笑顔にしてくれる。

いつか「今」のコトを懐かしく思ったり、手がかからなくなったコトを寂しく思う日が必ずくるんよね。

世のお父さんお母さん。頑張ってね！　とか、頑張ろう！　なんて俺言えへん。

だってお父さんもお母さんもみんな毎日すっごい頑張っとるもんね。

**敬意を込めて心からエールを贈ります。**

誰かの妻として、
誰かの母としての喜びを
生きるコトと同じぐらい、
1人の女性として、
1人の人間としての喜びを
生きるコトも大切。

# どっちがほんとのお母さん？

【お母さんが思っているお母さん】

・イライラしてつい怒鳴ってしまった……。
・疲れて遊んであげられなかった……。
・ご飯が上手に作れなかった……。
・余裕がなくて優しくしてあげられなかった……。
・つい目を離してケガをさせてしまった……。
・理由も聞かずに叱ってしまった……。
・私がお母さんじゃないほうが、この子は幸せなのかも……。

【子供が思っているお母さん】

・お母さんは笑顔で笑ってくれるから大好き。
・お母さんはお仕事やお家のこと。いっぱいやることあるのに、いつも遊んでくれる。
・お母さんのご飯はすごく美味しいよ。
・お母さんは元気がない時いつも励ましてくれる。
・お母さんはいつもそばで見守ってくれる。
・悪いことしたら叱られることもあるけど、お母さんはすごく優しいの。
・お母さんが私（僕）のお母さんでほんとに良かったよ。

いつも自分に厳しいお母さん。

お母さんが思っているお母さんより、
子供が思っているお母さんのほうが、

お母さんの本当の姿やからね。

子供は親を採点しない。
自分に厳しく採点して反省するの
もうやめようね。
笑顔も、優しさも、愛情も
思ってる以上に伝わっている。

# 心がポカポカになる言葉

泣いてる時は、「泣いちゃダメ」よりも、

**「そっか〜悲しかったんやな〜」。**

転んだ時は、「痛くないよ」よりも、

**「痛かったね〜」。**

できなかった時は、「なんでできないの？」よりも、

**「どうやったらできると思う？」。**

迷ってる時は、「こっちがいいよ」よりも、

**「どっちがいい？」。**

やってほしい時は、「〇〇しなさい」よりも、

**「◯◯してくれたらおとさん嬉しいな」。**

やめてほしい時は、「◯◯やめなさい」よりも、

**「◯◯されたらおとさんは悲しいな」。**

急いでる時は、「遅刻したらダメ」よりも、

**「時間守ることを大切にしような」。**

こぼした時は、「もう～っ何やってんの～！」よりも、

**「拭けば大丈夫やで」。**

娘に言葉をかける時は、否定や命令や指示語よりも、

**できるだけ、受容や共感や質問語の言葉を意識しとる。**

**例え同じ意味の言葉でも、伝え方をちょっと変えるだけで、受け取った時の気持ちや考え方が大きく変わるんよね。**

とは言っても、言葉って無意識に発してしまうモノやからな。

自分が親や周りからかけられてきた言葉がスタンダードになり、ついついそれを無意識に発してしまいそうになるんよね。

だから最初から完璧にやろうとせず、例えできなかった時も、決して落ち込んだり反省したりせず、少しずつ少しずつ娘に合った言葉や、幸せな気持ちになる言葉を伝えていけるよう、いつも意識して選ぶようにしとる。

それは娘だけでなく、

**奥さんにかける言葉も同じように意識して大切にするコト。**

娘はそれをいつも聴いとるからな。

言葉って、

「何を伝えたか」よりも、「何が伝わったか」

それがとてもとても大切なんやと思うわ。

「言葉」って、
発した瞬間に意味が
生まれるんじゃなくて、
相手が受け取った瞬間に
意味が生まれるんよね。

# 「安心したい」子育て。「信じる」子育て

転んだらケガして危ないからやめとき。
それ失敗してきっと泣くからやめとき。
こっちのほうが楽しいからこっちやり。
それは幸せになられへんからやめとき。
それはきっと危ないで。
それはきっと楽しくないで。
それはきっと幸せじゃないで。
娘を想って、娘を心配してつい手出しや口出しをしそうになる時は、いつも
自分の心を見つめるんよ。

そしたらね。あっ俺は今、娘のためと思いながら、

**実は自分が「安心したい」だけなんやなって気づく……。**

だからね、

もっとこっちのほうが安全やで。

もっとこっちのほうが楽しいで。

もっとこっちのほうが幸せやで。

**ついつい自分が安心したい方向へと導きたくなるんよね。**

その時俺の根っこにあるものは……

そう！　俺はただ「自分が安心したい」だけやねん（笑）!!

ただのチキンな俺に気づく（汗）。

それに気づけた時初めて、

## 「安心したい」から「信じる」へいける。

俺が安心するコトが、イコール娘の幸せとは限らへんもんな。

俺の「心配」を優雅に飛び越えて娘の「可能性」が大きく羽ばたき、ひょっとしたらそっちのほうがもっと安全だったり。

もっと楽しかったり。

もっと幸せだったりするかもしれんよな。

心配しようがしまいが、転んでケガする時はするし、間違うコトもあるやろし、悲しむコトもきっとあるやろな。

でも結局最後は、自分の力で幸せになっていくんよね。

親の影響力って確かに大きいけど、子供の人生を決定づけるモノではない。

例え俺が立派な親父だろうが、ダメな親父だろうが、**そんなコトも関係なく、娘は自分の力で幸せになっていく。**いつもそう信じとる。

人を信じる強さとは
自分の心配を受け入れる強さであり、
自分自身を信じる強さ。
相手じゃなくて、自分なんかもしれんね。

# 恋愛で幸せになる

## 第4章

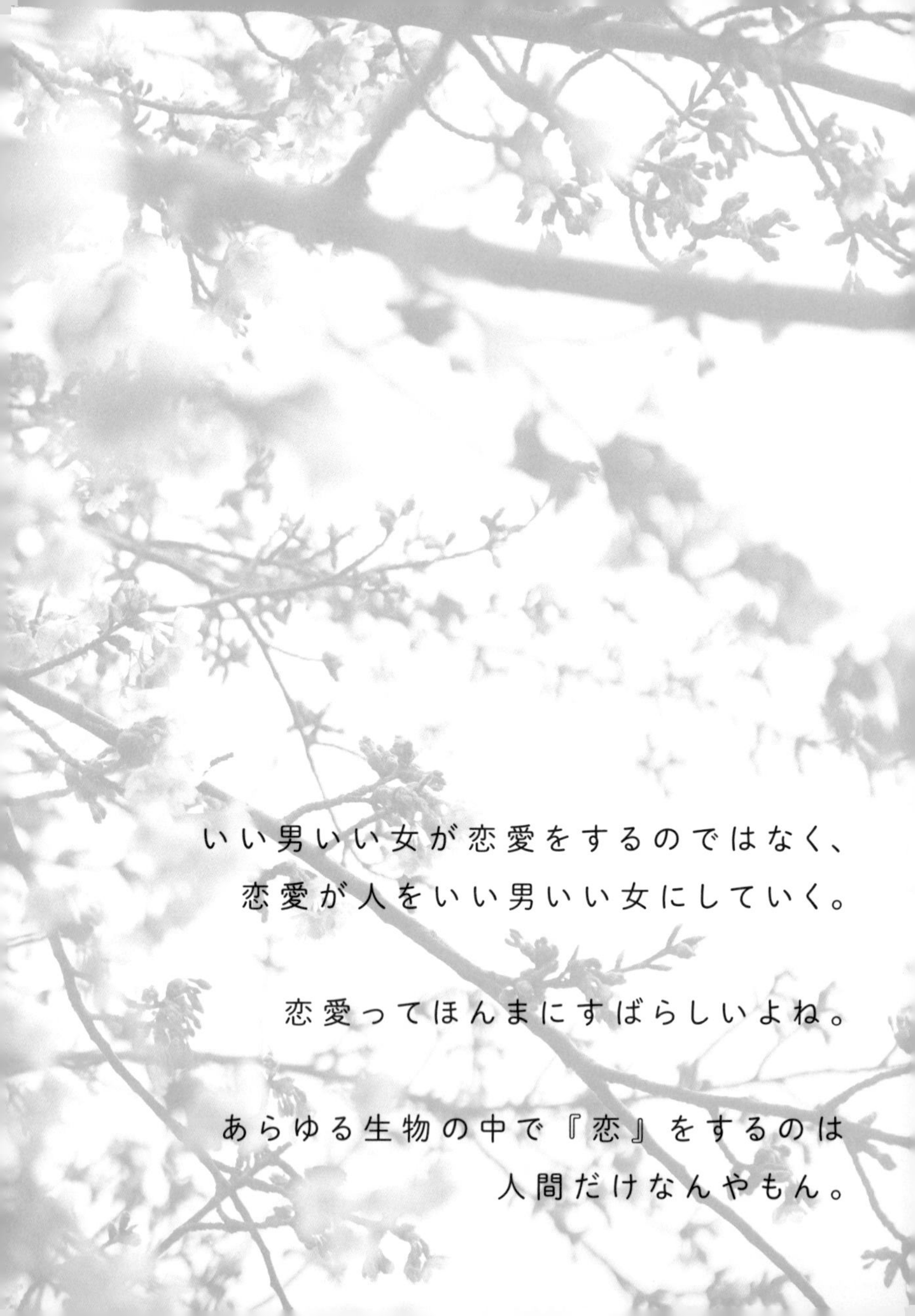

いい男いい女が恋愛をするのではなく、
恋愛が人をいい男いい女にしていく。

恋愛ってほんまにすばらしいよね。

あらゆる生物の中で『恋』をするのは
人間だけなんやもん。

人間は感情の生き物。
感情が動いた分だけ人は
記憶（想い出）として心に残しながら、
人として魅力的に成長していく。

嬉しいとか楽しいとか、
心がキュンとなるのが恋愛。
悲しいとか淋しいとか、
時に心がキュッとなるのも恋愛。

恋は人の感情を最も大きく動かしてくれる。

# いい男といい女の法則

本当にいい男と付き合うと……

**女はメチャクチャいい女になる。**

本当にいい女と付き合うと……

**男はメチャクチャいい男になる。**

パートナーは自分を映す鏡やから、鏡に映ってる自分（パートナー）を、けなしたり、悪く言ったり、相手を下げるようなこと言ったらアカンね。

いっつも、いっつも、いっつもね、

褒めまくること、
認めまくること、
信じまくること、
尊重し尊敬しまくること、

そして、大切に愛しまくること。

**パートナーを上げれば不思議と自分も上がっていく。**
**パートナーを下げれば不思議と自分も下がっていく。**

先にパートナー（相手）が褒めてくれたら、
先に謝ってくれたら、
先に優しくしてくれたら、
先にもっと愛してくれたら、

自分もそうできるのにな……
と、いつもモヤモヤ悩んでる人。
よう考えてや！

## 鏡の中の人が先に勝手に動いたら怖いやろ（笑）？

自分が先に動くから鏡の中の自分も動くんやわ。
相手が動いてくれるのを、相手が変わってくれるのを、鏡の前でじ～っと
待ってても、残念ながら何も変わらへんねん。

ほんまにパートナーは自分の鏡なんよな。
パートナーを下げたらアカン。
上げまくること！
してもらうことや、

与えてもらうことや、
こうしてほしい、ああしてほしいはひとまず横に置いておいて、

**先に与えるんやわ。**

相手の幸せを心から願い、与えて与えて与えて、相手をとことん幸せにするんやわ。

そしたらね、相手がみるみる「輝き出す」。
どんどん相手が素敵に輝き、魅力的ないい男、素敵ないい女になっていく。
そしたら最初はいつも先に与えている自分が「ちょっと損やな～、嫌やな～」と思ってたのが、だんだん与えること自体が自分の幸せのように感じるようになるんやわ。

**相手に与え輝かせ、その輝きの反射で初めて自**

分が輝き出すんよ。

「自分を磨く」という言葉の本当の意味は、**「自分」**を輝かせるコトじゃなくてね、**「相手」**を輝かせるコトなんやわ。

大切な人を輝かせる（幸せにする）ために一生懸命自分を磨くんよ。

だからいい男いい女って、互いに互いを照らし合い、輝かせ合っている。

この人！　って一度決めたんなら、何年経ってもとことん相手を輝かせてほしいな。

パートナーが、いい女になるのか、いい男になるのか、全部自分次第。

お互いにそう思えたら、めちゃくちゃ幸せなパートナーになれるよね。

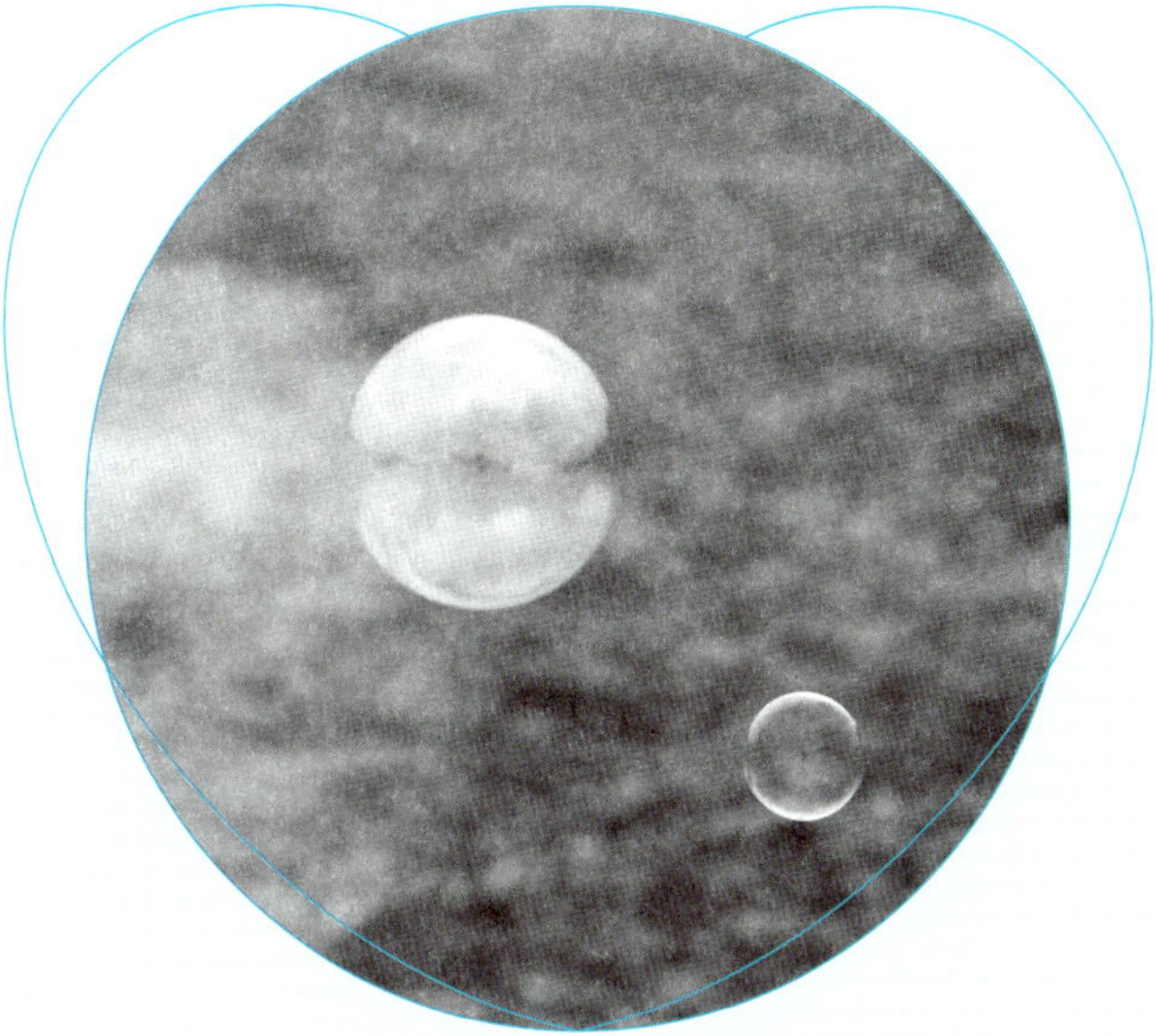

人を輝かせる人が
実は一番輝いている。

# いい男を「選ぶ」いい女。
# いい男に「育てる」いい女

あのな、
例えば、強がっている人と本当に強い人は違うんよ。

本当の強さとは、
腕力が強いことでも、
大きな声を荒らげることでも、
自分を大きく見せることでもなくてね。

弱さも受け入れて笑顔に変え、悲しみを乗り越えて優しさに変えられる人。

例えば、優しいと思われたい人と本当に優しい人は違うんよ。
本当に優しい人とは、
耳触りのいい言葉だけでチヤホヤしたり、
何でもわがままを聞いてくれる人のコトではなくてね、
いつも君にとってベストな距離感で、いつも君が歩むずっと先を見て今ベストな選択をしてくれる人。

いつもな、
目に見える表面的なモノよりも、目に見えない

## 本質を見るコトを大切にするんやで。

もしいつか君に、大切な人と一生そばにいるコトを決意する時が来たら、
どんな風に君に接しているかよりも、
**君以外の人にどんな風に接しているかを見なさい。**

うまくいっている時よりも、
**本当に困った時やピンチの時に、どんな態度でいるかを見なさい。**

普段何を言ってるかよりも、
**いつも何をやっているか行動を見なさい。**

今財布にいくら入っているかよりも、

**何にお金を遣っているか出口を見なさい。**

今どんな仕事をしているかよりも、

**どんな将来を描いているかビジョンを見なさい。**

そして最も大切なコトはね、

どれだけ愛せるかよりも、どれだけ尊敬できるか。

どれだけ信じられるかよりも、どれだけ許せるかが大切だというコトを覚えておきなさい。

最後にもう1つ忘れてはいけないコト。

それはね、

どんな男性も女性から産まれてきているというコト。

最初からでき上がった人は1人もいない。

いい男を選ぶコトよりも、いい男に育てる力が君には備わっているというコトをいつも信じていなさい。

おとさんもな、おかさんに絶賛育てられ中なんやわ（笑）。

分かった〜？

おとさん

女性は
人を育てる達人。

# 「正しさ」よりも「思いやり」

大切な人と幸せな関係を築こうと思ったら、できるだけ「正しさ」は手放したほうがいいかもしれんね。

「正しさ」っていうのは立ち位置によって簡単に変わってしまうモノ。

それぞれの立ってる場所によって見える景色（正しさ）が変わるから、人それぞれの正しさがあるんやわ。

**多面体のルービックキューブみたいに角度が違えば見える色も違うように、自分が見てる色（正しさ）と、相手が見てる色（正しさ）は、全く違ってたりするんよな。**

不満や争いが起こるのは、お互い自分の色だけ見ているから。

俺の色はこうや〜！

私の色はこうや〜！

だからこうあるべきなんや〜！

自分が見てるその色だけが「正しい」と思い込み、その色（正しさ）を高らかに握りしめ主張する。でもほんまにそれでええんかな……。

俺が正しい！

私が正しい！


**自分の正しさを振りかざして、一体何を手にしたいんやろね？**

ケンカでも、いつの間にか相手に間違いを認めさせるコトだったり、謝らせるコトが目的になってしまったり、ただ自分の正しさを証明したくなった時は、ちょっと1回深呼吸やわ。

その正しさと引き換えに何か大切なモノを失うんちゃうかな？

1回立ち止まってティータイムや。

自分はほんとは何を手にしたかったたんかな？　て。

**正しさを振りかざして得られるモノって、せいぜい自分の正しさを証明し、相手に間違いを認めさせたという小さな優越感くらい。**

でもほんとはそんなもん手にしたかった訳じゃないいんよね……。

正しさは時に剣のように人を傷つけ、時に自身を孤独にさせる……。

大切な誰かや大切な何かを守るための、必死に正しさを証明する必要がある時なんて、長い人生においてそう何度もないいんよね。

それ以外は幸せとは関係ないほんと小さなコト。

幸せな人間関係を築くのにとてもとても大切なモノ……

それは「正しさ」よりも「思いやり」。

## 思いやりとは相手が見ている景色を「想像する力」。

相手が見てるのは何色なんだろう？

今どんな景色を見てて、今何を感じ、何を考え、

そして今、何を想い何を望んでいるのだろう？

**相手が見ている景色を想像するコト。**

どっちが正しい！　どっちが間違ってる！　とかいうのはとてもささいで小さなコト。

どっちでもええやんね。この世界に間違わない人なんていないし、完璧な人なんて1人もいないんやもん。

自分の物差し（価値観）だけで人を測ったり、正そう正そうとしとったら、毎日ストレスでいつかハゲてしまうわ（笑）。

**人間の視界はどう頑張っても180度。**

後の半分の見えない景色は、いつも誰かが見てくれている。

こっちの景色はこんなんやで〜。

そっちの景色どんなんなん〜？　そっか、そんな景色なんやな〜って楽しく笑って話せたら何かええよね。

大切な人と幸せな関係を築くなら、

「正しさ」よりも「思いやり」。

小さな優越感は失うかもしれんけど、代わりにもっと大切なモノが手に入る。

ほんとに手にしたいモノは、そっちのほうにある気がするわ。

人は正論や正しさに
集まるのではなく、
温かい思いやりという
「愛」に集まる。

# 1人の夜が君に教えてくれるコト

あのな、
いつか君にも、1人を寂しく感じる夜がくるかもしれない。
そんな時は、安易に誰かや何かで埋めるくらいなら……

ちゃんと寂しさに向き合うコトも大切なんやで。

**1人の夜はとても寂しい反面、君に大切なコトを教えてくれる。**

人は寂しさを知るからこそ、
人の温もりや優しさ、
誰かを想う気持ち、

大切な人の存在の大きさや、
愛の尊さが解るいい男いい女になれる。

**「いい男」「いい女」っていうのは、そうやって1人で過ごす時を、ちゃんと大切にしてきた人。**
**人知れず涙を流した寂しい時すらも、ちゃんと自分を大切にしてきた人。**

おとさんとおかさんが出会えたのもな、
幾つもの寂しい夜を寄り道せずに、

**ちゃんと自分を大切に過ごしてきたからなんやで。**

寂しい夜っていうのも、そんなに悪いモノじゃない。

満天の星空のように、

昼間には決して見えない大切なコトを君に教えてくれる

とてもとても大切な時間なんやわ。

おとさん

寂しさや悲しみを
1人で味わう時間が
人を強く優しく魅力的に
成長させてくれる。

# 根っこを変えると出会いが変わる

もし、いつも自分が苦労するような相手とばかり恋愛してしまうとしたらね。
あなたがしっかりもの屋さんで、
頑張り屋さんで、
責任感が強くて、
お世話好きで、
優しい人だからなんかもしれんね。

私がなんとかしてあげないと。
私が助けてあげないと。

私が支えてあげないと。
私がお世話してあげないと。
私がそばにいてあげないと。
だから私が尽くして支えて、いつも私を犠牲にしてでも助けてしまう……。

そうすると不思議なコトにね。あなたの周りにはいつも、
尽くしてほしい。
支えてほしい。
お世話してほしい。
助けてほしい人が目の前に現れてくるんよ。

**自分がしっかりすればするほど、しっかりしない人が現れ、**
**自分が頑張れば頑張るほど、頑張らない人が現れ、**

**自分が支えれば支えるほど、あなたの支えを必要とする人が現れる。**

私がなんとかしてあげ「たい」。
私が助けてあげ「たい」。
私が支えてあげ「たい」。
私がお世話してあげ「たい」。
私がそばにいてあげ「たい」。
そんなあなたの望みを叶えようと、
助けさせてくれる人が現れ。
支えさせてくれる人が現れ。
お世話させてくれる人が現れ。
尽くさせてくれる人が現れる。

## ちゃんと自身が望んだ通りの人が現れてくるん

よね。

もし、パートナーに恵まれないな〜、何でいつもこうなるんかな〜、もっと素敵な人と出会って幸せな恋愛したいな〜と思うなら。

なぜ私はいつも優しくしたいんだろう？
なぜ私はいつも尽くしたいんだろう？
なぜ私はいつも支えたいんだろう？
なぜ私はいつも助けたいんだろう？
なぜ私はこんなに苦労してまで頑張りたいんだろう？

**私の気持ちの「根っこ」にあるモノを見つめるいい機会なんかもしれんね。**

優しくするコトで私は何を得たかったのだろう？
尽くすコトで私は自分の中の何を満たしたかったのだろう？

助けるコト、お世話するコト、頑張るコトで、私は自分の中の何を満たそうとしていたのだろう？

何が足りなくて、何が満たされていないと思っていたのだろう？

あれっ？　もしこれが「満たされている」としたらその時私は何を求めるのだろう？

**決して全てではないけれど**
**目の前に現れる人や出来事のほとんどは、**
**自身の根っこにあるモノが産み出し、創りあげとったりするんよね。**
私の根っこにあるモノって何やろね？
それを見つめ先に満たすコトで、目の前に現れる人やモノや出来事は、大きく変わってくるからね。

「愛されたい」という根っこ。
「すでに愛されている」という根っこ。

# 「そのままでいい」の中に見つけた幸せ

相手さえ変わってくれたら、幸せになれるのにな……。

だから、変わってほしいと願ったり、変わってほしいと訴える。

でも相手はちっとも変わらへんねん……。


「自分が変われば相手も変わる」

どっかでそんな言葉を聞いたからやってみる。

でも、自分は変わってもちっとも相手は変わらへんやん……。


そっか。相手を変えるために自分が変わるのなら、結局は相手を変えようとしてるのと同じコトやもんな……。

人が本当の意味で変わる時は、
誰かに「命令された」時でも、
「お願いされた」時でも、
「怒られた」時でも、
「ご褒美をもらった」時でもなく、

自分の心の内側から「気づいた」時、その時人は自ら変わっていく。

もしそばにいる自分に唯一できるコトがあるとしたら、そっと見守るコトくらいやわ。

**相手を変えようと力まず、**
**相手を受容し、**
**相手を信じ、**
**相手を許し、**

**『北風と太陽』の太陽のようにポカポカと、ただ愛で包んであげるコト。**

例えそれができたとしてもね、それでも相手は自分の望むようには変わらないかもしれない。

でも変えるコトが「目的」でも、変わるコトが「正しいコト」でもないんよね。

ほんとはね。別に変わらなくてええんよ。

変われたら幸せになれる。
変わってくれたら幸せになれる……。

**世の中ではあたかも変わるコトが、素晴らしいコトかのようにされてるけど**
**変わるコトが決して「正解」なわけでも「幸せなコト」でもないんやわ。**

本当の幸せってね、

## 変わらなくていい、「そのままでいい」の中にあるんよね。

そのままのあなたでいい。
ありのままの姿を受容するコトが愛。

**いつもね、自分自身のありのままを、**

**受容し、**

**信じ、**

**ちゃんと愛するコト。**

そしたら不思議とパートナーにもそうできるんよね。

**「変わる」とは、**

**新しい誰かや何かになるコトではなく、**

**本来の自分に「還る」コト。**

ありのままの「自分」と「相手」を心から受容する。

その時初めて2人の間に、劇的な幸せの「変化」が起こるんやわ。

「変わる」とは、
誰かや何かになるコトではなく、
本来の自分に「還る」コト。
「そのまま」をもっと愛そう。

# 忍耐って我慢するコトじゃないんよね

例えば、大切な人と幸せな関係を築く時。
どんなに努力をしても目に見える成果が現れなかったり、
望むような変化が見えない時があるかもしれんね。

すぐに目に見えないと時折、自分が成していることに、
果たして意味があるのか虚《むな》しくなったり、
疑問を持ったり、
諦めそうになることもあるかもしれんね。

竹ってね、
種を撒《ま》いてから、最初の4年間は全く成長が見えないんよ。
小っちゃな新芽が見えるくらいで、
大丈夫か?……って心配になるくらい成長が見えないんよね。

でもその4年もの間、

**見えない土の中でしっかりと根を伸ばし続け、5年目に竹は最初のわずか6週間で一気に30メートルまで伸びる。**

大切な人と幸せな関係を築く時や、大切な人の成長を見守る時。
例えば自身の夢や目標も同じでね、
目に見えないものを信じ待つのには、時に忍耐が必要。

# 忍耐とは我慢するコトではなく、
# 自分の心と行動を信じるコト。

その根っこにあるのは、やっぱり愛なんかもしれんね。

冬が来るから、春が来る。
例え今は冬のように心が寒くとも、
愛を持って信じるコト。
春は必ずやって来る！

# パートナーに不満を持った時の必殺技

もしパートナーに対して、ムクムクムクって不満が芽生えてきたら……

**それはパートナーの中の愛が、ちょっと足りなくなってるんかもしれんね。**

人は愛に満たされていると、素晴らしく魅力的な人になりめちゃくちゃ輝く。
でも愛が欠乏してくると、途端に輝きを失いギスギスしてくるんよな。

**「愛」と「幸せ」に満ち溢れてて性格悪い人見**

たコトないやろ（笑）？

だから不満が出た時ほどね、相手のコトをもっともっと大切に大切に愛してあげてほしいなと思う。

ただ想ってるだけじゃあかんで。
想いは目に見えないからなかなか気づけへんのやわ。
「愛」はちゃんと言葉や態度や行動で表すコトがとてもとても大切なんよ。

もし、俺の奥さんがこれから先どんどん
綺麗じゃなくなったり、
性格悪くなったとしたら……
それは間違いなく俺の責任やわ（汗）。
そんなん絶対嫌やからめっちゃ愛を注ぐで俺は（笑）。

えっ⁉　うちは愛してるのに不満あるよ〜って？
そしたらしゃあない。とっておきの必殺技を教えるわ。
そんな時はね、

〝もっと〟愛してあげてな。

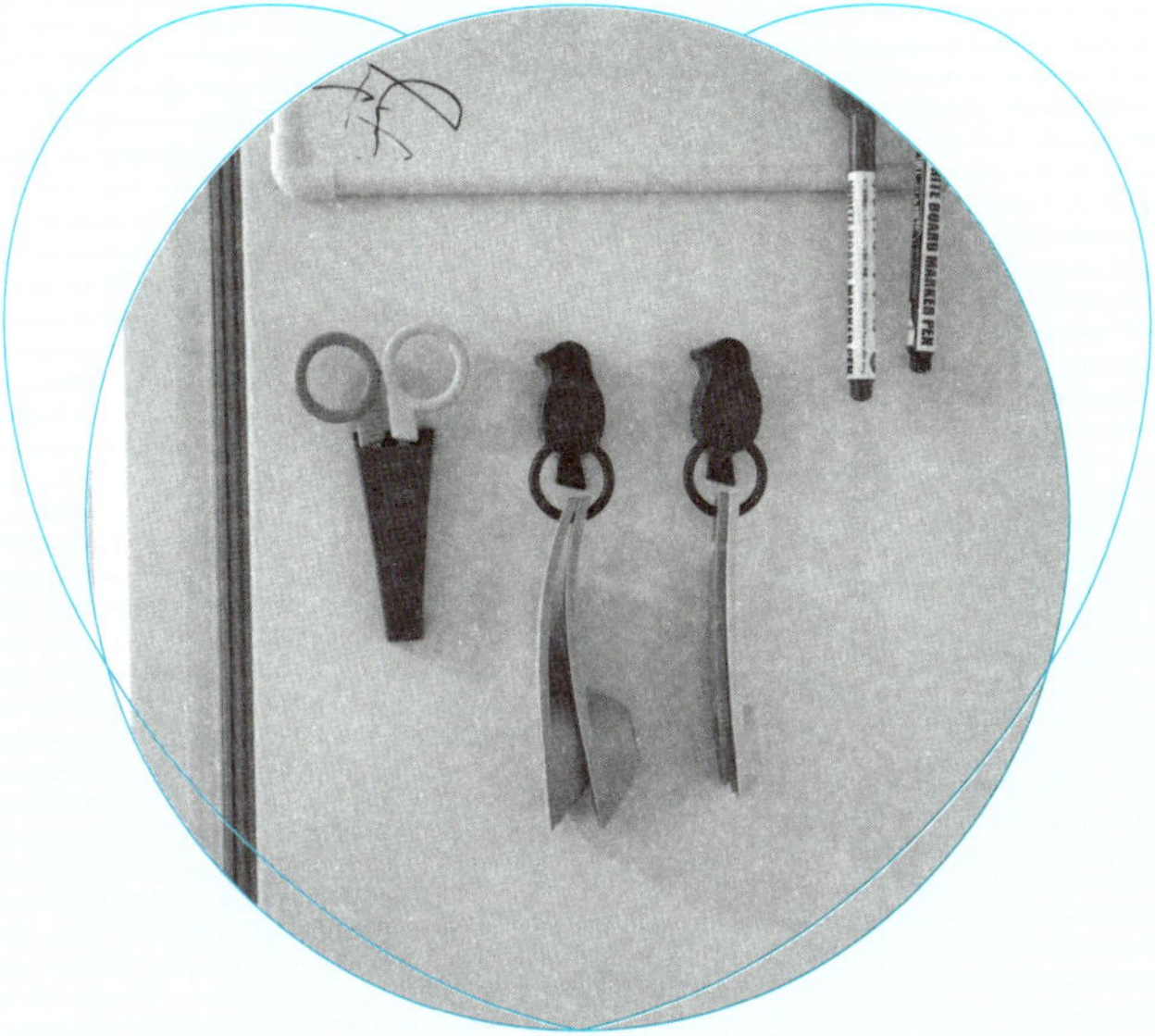


もしも相手に不満が芽生えたら、
それはちょっぴり愛が足りないだけ。
愛でいっぱいに満たされた人で、
素敵じゃない人はいない。

# 人の心が最もいたい場所

「もし奥さんが浮気したり他の人を好きになったらどうしますか？」てたまに聞かれる。

正直考えたコトもないけど、
そんな心配とか、
疑ったりとか、
まして奥さんを束縛したりとか全くないんよね。

奥さんとは結婚してるし一緒に住んでるから、確かにいつもすぐそばにいる。

## でも奥さんの「心」がどこにあるか？
## それは奥さんの自由なんよね。

心は自由だから、どこに向かうか、どこにいるかは、誰にも縛れないんやわ。
だから関係や形にあぐらをかくコトなく、ただただ大切にする。
ただそれだけなんよね。

人の「心」ってね、
**嬉しいとか楽しいとか、安心する癒される尊敬する、**
**そんな心地良い感情が沸き起こる場所が好きみたいなんよ。**
奥さんの心が、
私の居場所はここなんや！
私はここにいたいんや！

そう想ってもらえるような場所（自分）で在ること。
それがすごく大切やと思う。

**人の心はいつも、最も自分を大切にしてくれる場所にいる。**

だからいつも大切にするコト。
シンプルに、ただそれだけなんやわ。

「居心地」って言葉にある通り、
そこにいたい！　って思える場所に
心は居続けるんやわ。

# 自立の第一歩は
# ちゃんと自分で決めるコト

あのな、
長い人生の中では、時には大切な人に裏切られるコトがあるかもしれない。
その時君は悲しみの淵《ふち》で、きっと悩むだろう。
それでも自分は、信じられるのか信じられないのか。
許せるのか許せないのか。
不信という過去の産物を見つめながら、きっと君は悩むだろう。
そんな時はね、自分の心の声を聞きなさい。

信じたいのか。信じたくないのか。
許したいのか。許したくないのか。

相手を見るのではなく、自分はどうしたいのかを見つめなさい。

間違っても、安易に他人に答えを求めたり、
他人の意見や判断に委ねたらだめだよ。

その先に君にとっての正解はない。

とても大切なコトだからね。ちゃんと自分で決めなさい。

おとさんも何にも言わないよ。
話はいくらでも聴いてあげるけどな。

アドバイスもしない。

君が選んだ人なんでしょ？
君が決めた人なんでしょ？

だったら最後までちゃんと、自分で決めるんだ。
信じるのか信じないのか。
許すのか許さないのか。

自分を信じなさい。

他の誰でもなく、君が自分で決めなさい。
もし何を信じていいか解らなくなった時は、

**自分の決意を信じなさい。**

不信は過去からくるが、決意は君の未来を創る。

未来が過去の延長線上にある必要はないんだよ。

どんな未来を描くかは、ちゃんと自分で決めるコトができるんだ。


おとさん頭良くないからな。勉強は何1つ教えられないけど、1つだけ君に教えたい、伝えておきたいことがある。

それはね、「自立するコト」。

**健全な愛も幸せも、全て自立の上で成り立つんよ。**

**そして自立の第一歩はね、ちゃんと自分で決めるコト。**

**そしてその決断をした自分を信じるコト。**


人生に正解なんてないんだよ。

**正解にするかしないかは、その後自身が描き創り出す未来によって決まる。**

君を本当の意味で幸せにできるのは他の誰かではない。

残念ながらおとさんでもない。


**君の幸せを創るのはあくまでも君自身なんだよ。**


大丈夫。

その力は君の中にすでに備わっているからな。

今はまだおとさんの支えがないと、まだまだちゃんと立てない君を見つめながらね。

いつの日か、ちゃんと自分の足で立つコト、そんな本当の意味での、心の自立をした素敵な女性になっていくコトを、おとさん心から応援しているからね。

おとさん

幸せになるのも
正解にするのも
それを決めた自分自身。

# 別れが君に教えてくれるモノ

あのな、いつか君にとって大切な人を失う日が来るかもしれない。
その時君は初めて、本当の淋《さみ》しさや悲しみを知るだろう。
**でも覚えておいてな。それは決して、不幸なコトではないんやで。**
おとさんもね、沢山失恋した。沢山大切な人を失った。
そらもう体中傷だらけや（笑）。
でもその時に初めて、
**人の優しさや温もり、**

**人を思いやる気持ちや感謝の気持ち、**
**人を愛するというコトの意味が初めて解ったんや。**

別れはとても辛く悲しいモノ。

でもそれ以上に君に、大切な大切なコトを教えてくれる。

**例えその時は解らなくても、いつか振り返った時にそれらは全て、君にとってとても大切な、とてもとても意味のあるモノだったと解る日がきっと来る。**

おとさんね、君に約束してほしいコトがあるんよ。

例えどんなに淋しい時も、例えどんなに悲しい時もね、
いつも通りご飯だけはちゃんと食べるコト。

暖かくして体を冷やさないコト。

空腹や寒さは人の心を寂しくさせる。

いつもそれだけはちゃんと守りなさい。

そして、失ったモノばかり見つめるのではなく、今あるモノを見つめなさい。

君のそばには、いつも君を想い大切にしてくれる友達がいる。

いつも君を想い見守ってくれる家族がいる。

例え君が笑えなくても、例え君が悲しみの底にいても、君のすぐそばの人達は、変わらず君のそばにいてくれる。

だから大丈夫や。転んでもいいんや。

**人は転んだままではいられない。**

**転んでもまた起き上がることで、君は今よりもっと、人を愛するという本当の強さと優しさを心に宿していく。**

おとさんそれを楽しみにね、いつも見守っとるからな。

おとさん

辛いコト、悲しいコトを
経験した人は
転んでもまた起き上がる方法を
知っている人。

平凡な日々？　それ、奇跡やからね

あと何回一緒に手を繋げるだろう？
あと何回一緒にご飯を食べれるだろう？
あと何回一緒に桜を見れるだろう？
あと何回一緒に映画を見れるだろう？
あと何回一緒に遊べるだろう？

あと何回一緒に笑えるだろう？
あと何回一緒に泣けるだろう？
あと何回声を聞けるだろう？
あと何回ありがとうを伝えられるだろう？
あと何回ケンカできるだろう？
あと何回抱きしめられるだろう？

平凡に過ぎ去る日々の中、ついつい忘れてしまいそうになるけど、全てのコトにはいつか最期の日があるというコト。

もし、後少ししか時間が残されてないとしたら。

もし、自分には本当に限られた時間しかないと気づいたら。
今目にしているモノ。
今耳にしているモノ。
今触れているモノ全てがキラキラ輝いて見えるんよね。
大切なコト。大切なモノ。大切な人。
**すぐそばのこの一瞬一瞬の出来事が本当に奇跡のようにキラキラ輝いて見えるんよね。**
限られた時間の中、今そばにいるという奇跡を思うと

当たり前のコトなんて実は何1つないんやわ。

当たり前のように過ぎ去っていく
平凡な日々も、
いつか最期があるというコト。
そう思うと、1つひとつが
キラキラ輝いて見える。

# 第5章

# 自分を幸せにする

自分に優しくできた分だけ、
大切な人に優しくできる。

自分を信じてあげた分だけ、
大切な人を信じてあげられる。

自分を許してあげた分だけ、
大切な人を許してあげられる。

自分を愛してあげた分だけ、
大切な人に愛を与えられる。

自分が幸せになった分だけ、
大切な人を幸せにできる。

人間関係の中で
最も大切な人は、
いつも自分の一番そばにいてくれる
自分自身やからや。

# どっちを選んでもうまくいく

あのな、
迷う時って、頭で考えとるんかもしれんね。
どっちを選べばうまくいくか？
どっちを選べば失敗しないか？
どっちを選べば傷つかないか？

**頭で考えるから迷うんよ。**

頭で考えてる時ってね、
どっちかが正解で、

どっちかが間違いだと思うから、
自分の選択に自信が持てなくなるんやわ。

だからそんな時はな、

「どっちを選んでもうまくいく」

そう思ってみるんよ。

どっちを選んでもうまくいくとしたら、自分は

本当はどっちを選びたい？

どっちを選んでも幸せになるとしたら、自分は

本当はどうしたい？

そう問いかけてみるんよ。
その時感じたモノ、それが純粋な心の声であり、
君にとっての本当の答えなんやわ。

分かった〜？
ほな今日の晩ご飯チキンライスやからな。
早よ帰ろっ♪

おとさん

どっちを選んでも
うまくいくとしたら
あなたは どっちを選びたい？

# 幸せのコンパスが指す方角へ

あのな、
何かを選ぶ時は、
いつも君が心地良いモノを選びなさい。
心地良いモノを目にし、
心地良いモノを聴き、
心地良いモノを言葉にし、
心地良いモノに触れ、
心地良い空間に身を置き、
心地良いコトを考え、

心地良くいられる人のそばにいなさい。

この世界はあらゆる情報やモノに溢れているから、時に自分にとって何が本当に大切で必要なモノかが解らなくなるコトがあるかもしれない。

そんな時は、世間の常識や正しさや、誰かの評価や価値観で選ぶのではなく、

**いつも、君の心が心地良いと感じるモノを選びなさい。**

例えそれがどんな偉人の言葉だとしても、君の心に心地良くないモノは受け入れなくていい。

例えそれがどんな素晴らしい教えだとしても、君の心に心地良くないモノは取り入れなくていい。

**君の心が喜び、君の心が満たされ、君の心が心地良いと感じるモノ。**
**それが君にとって本当に大切なモノであり、最後に残るモノ。**

いつも自分の心に問いかけなさい。
いつも自分の心の声に耳を傾けなさい。

君にとって本当に大切なモノは、いつもその心地良さの中にある。

分かった〜？

おとさん

本当に大切なモノは、
君の笑顔が知っている。

# 幸せの天敵は「遠慮」

迷惑かけたら申し訳ない。
甘えたら申し訳ない。
頼ったら申し訳ない。
だから自分がちゃんとしなきゃ……。
だから自分1人で何とかしなきゃ……。

いつも自分に厳しくて、
いつも自分1人で抱えて、
いつも自分1人で何とかしようとされたら、

なんか寂しいやんね……。

**すぐそばにいるのにそうやって1人になられたら、なんか寂しいやんね……。**

そんな立派にならんでええからね。
そんな完璧にやらんでええからね。
そんなちゃんとしなくてええからね。
そろそろ甘えてな。
そろそろ頼ってな。
そろそろ任せてな。
そろそろ迷惑かけてな。
甘えられたり、頼られたり、任されたり、迷惑かけられたらな。
**あっ信頼されてるんや！　ってね、嬉しくなるんよ♪**

**あっ必要とされとるんや！　って、嬉しくなるんよ♪**
**あっ、やっと助けさせてくれるんや！　ってね、嬉しくなるんよね♪**

もう1人で頑張るのはやめて、少しでいいから甘えて頼って任せてね。
その時初めてね、
**あなたのすぐそばは、**
**こんなにも優しかったコトに気づくコトができるから。**

## 幸せの天敵は「遠慮」。

もう遠慮するのやめようね。

甘えるコト。
頼るコト。
助けてって言うコト。
我慢しないコト。
それが信頼するというコト。

#「他の誰か」なんて本当はどこにもいない

自分が解らなくなるのは、「誰か」の意見を気にしている時。
自分のやりたいコトをやらないのは、「誰か」の目を気にしている時。
自分を責めるのは、「誰か」の正しさを気にしている時。
自分を飾るのは、「誰か」の評価を気にしている時。
自分の本音を隠すのは、「誰か」に嫌われるのを恐れている時。
自分の幸せを大切にしないのは、「誰か」に遠慮している時。
人間関係がしんどいのは、あなたがあなたらしくない時。

いつも「誰か」を気にしてたら。
無理して、かっこつけようとしたり。

無理して、良く見せようとしたり。
無理して、好かれようとしたり。
無理して、笑おうとしたり。
無理して、合わせようとしたり。
無理して、ポジティブになろうとしたり。
無理して、ネガティブなくそうとしたり。
無理して、いい人のフリしたり。
無理して、悪ぶってみたり。
どんどん自分が自分じゃなくなっていくんよね。
ちょっと今、周りを見渡してみて、その「誰か」ってどこかにいた？
ほんとはね、

「誰か」なんてどこにもいないんやわ。

いるとしたらそれはね、
**自分の中にいるもう1人の自分。**
もう1人の本当の自分が教えてくれとるんよ。
あなたらしくないいやん！
ワタシが私にそう教えてくれとるんやわ。

人間関係が幸せな時ってね、
あなたがあなたらしくある時。

自分らしさとは
私がワタシを生きるコト。

# 強さはしなやかさ。魅力は柔らかさ

背伸びせず。
強がらず。
偉ぶらず。
無理してない。

**そんな穏やかで柔らかい人は魅力的。**

自分を良くみせようとか。
偉く見せようとか。
カッコつけようとか。

賢くみせようとか。
大きくみせようとか。

そんな人がまとっている空気やオーラは、なんかギスギストゲトゲぎこちない。

**悲しみも喜びも経験し、自分の「弱さ」もちゃんと受け止めてきた人が持つ空気やオーラは、とてもしなやかで柔らかく暖かい。**

そこには誰かを責めたり自分を責める優越感も劣等感も存在せず、ただ凛《りん》とたたずんでいるだけで周りを心地良く安心させてくれる。

本当の「強さ」や「魅力」ってそういうもんやと思うわ。

年齢関係なく、
「この人素敵やな〜」「魅力的やな〜」と思える人って、
**例外なく悲しみや苦しみを1つひとつ逃げずに向き合いちゃんと乗り越えてきてるんよね。**
多分いっぱい泣いてきたんやろな。

いっぱい泣いて悲しみをちゃんと乗り越えてきたから、本当の強さを身につけ、今めちゃくちゃ素敵な笑顔で笑えるんやと思う。

受け入れて初めて、さらけ出せるようになる。
さらけ出せるようになって初めて本当の意味で強くなれる。

## 悲しい時や、苦しい時は、思いっきり泣いたら
## ええんやで。

年齢も性別も人の目も関係ないよ。
泣いたら何かね、フッと気持ちが楽になる。

## それが1つ乗り越えた瞬間なんやわ。

その瞬間瞬間の積み重ねが、
やがて生き方なり、
考え方なり、
笑顔に変換されて、
めちゃくちゃ素敵で魅力的な人になっていく。

悲しい時、
苦しい時、
なんで私こんな目にあうんやろ～と思った時はね、
思いっきり泣いたらええんよ。
泣き晴らしたその後は、バッチリいい男、いい女になっとるからね。
ちゃんと泣いた数だけ、それはあなたの魅力に
変わっていく。

涙を流す度にフッと気持ちが楽になる。
それが1つ何かを乗り越えた瞬間。
その積み重ねが、
あなたの笑顔をつくっていく。

# 醜さも愛す

もしあなたの中に、
誰かや何かを嫌う気持ち。
許せない気持ち。
怒りたい気持ち。
イライラする気持ち。
優しくできない気持ち。
愛せない気持ちが芽生えた時は、良かったやん。
それはあなたが健全な人間だという証拠なんやわ。

星ってね、暗闇があるから輝くやんね。
光があれば闇があるように、全てのコトには
ちゃんと対極があるんよ。
しかもこれ、セットやねん。

優しさも冷たさも。
喜びも悲しみも。
許しも怒りも。
感謝も傲慢《ごうまん》も。
愛も憎しみも。
ポジティブもネガティブも。
どちらも人間の中にちゃんとセットであるモノ。
**善だけの人もいなければ、悪だけの人もいないんよね。**

だからどちらか片方だけを素晴らしいと大切にして、
どちらか片方だけを素晴らしくないとして、
嫌ったり、
否定したり、
責めたり、
消そうとしたり、
隠そうとしたり、
フタをしてなかったことかのようにしたら、めっちゃ不健全やで。

魚も綺麗な水には棲まれへんやろ？
人間の体も除菌ばっかりしとったら、抵抗力がなくなって病気になるやろ
（笑）？

心も一緒なんよね。
もしね、自分の心の中に見たくないモノを見つけた時はね、それも受け止めて大切に愛してあげてな。

**稲は泥水の中にしっかりと根を張るからこそ、**
**まっすぐに生き生きと育つことができる。**

**人間もね、**
**未熟で不完全で弱くて愚かな部分も受け止めて、**
**それでも胸を張り、**
**前を向いてまっすぐに歩いていくコトが生きるというコトなんよ。**

もし、自身と大切な人を心から愛し、幸せな関係を築くならば

# 「醜さも愛すコト」。

その時初めて本当の意味でね、自分と他人を心から受容でき、優しさや、許しや、愛を無条件に与えられる自分になれるんよ。

醜さを愛せた時、その時それは魅力と呼ばれるモノに変わる。

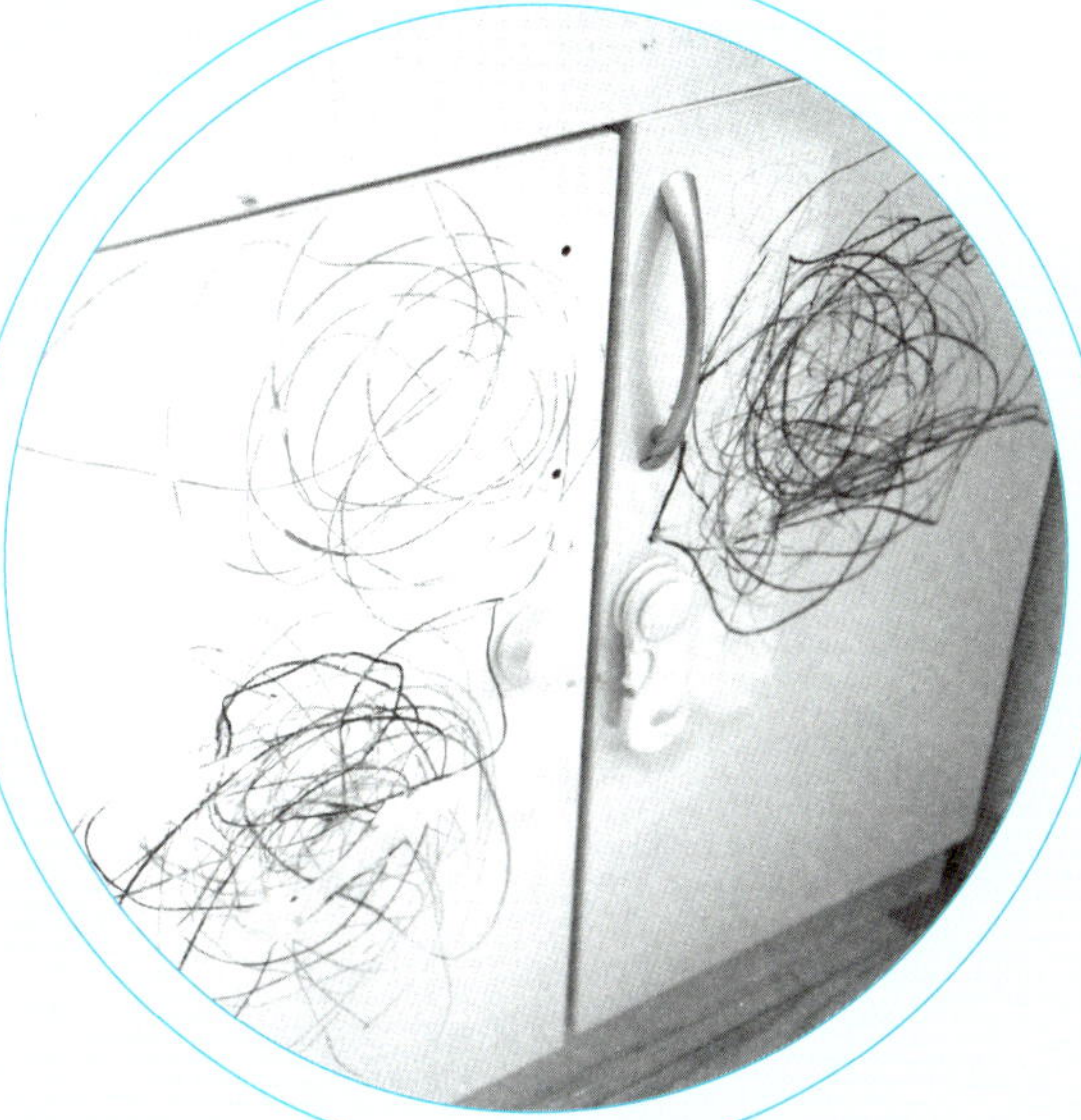

嫌なコトがあってよかったね。
辛いコトがあってよかったね。
悲しいコトがあってよかったね。
だから、幸せを感じるコトができる♪

# 赤ちゃんはパンツ一枚穿いてないのに愛されとる

身軽なのが好きやから、出かける時は両手に何にも持たずにね、できるだけ手ぶら。
少々の雨やったら傘も持たないんよ。
両手が自由なのはそれだけで気持ちええんよね。
心も一緒かもしれんね。

いらないモノを付けてると、どんどん不自由になるんよな……。

例えば、

他人の目や評価を気にしていると、
自分が本当にやりたいコトや、
自分が本当に大切にしたいコトを大切にできなくなるからね。

**もうや～めよと手放した。**

いつも他人と比べているとね。
劣等感か優越感の上にしか存在しない不安定な幸せや不幸せに、一喜一憂するからバカバカしくなってきてね。

**もうや～めよと手放した。**

こうあるべきこうするべきは、自分が苦しくなるだけで幸せから遠ざかってる気がしたから。

**もうや～めよと手放した。**

誰かや何かを批判したり不満言ってる間は、自分の幸せに一歩も向かってないな〜て気づいたから。

**もうや〜めよと手放した。**

もう間違えたり失敗したくないからと、正解を求め完璧を求め生きていくコトは転んだりケガするよりも心が痛いコトに気づいたから。

**もうや〜めよと手放した。**

弱い自分、情けない自分、恥ずかしい自分を隠したくて偽りの仮面を被ってたけど、だんだん息苦しくなってきたから。

**もうや〜めよと手放した。**

愛されたいから無理して背伸びして頑張ってきたけど、頑張らんでもすでに愛されてるコトに気づいたから。

**もうや〜めよと手放した。**

気づいたらずいぶんいらないモノを身に付けてたんよね。

そら不自由になるよね……。

幸せになりたいから、いっぱい勉強もしてきた。

成長するコトって、何か新しいモノを取り入れて、新しい自分に「変わる」コトやと昔は思ってた。

だけど、大人と呼ばれる歳になった今、

大切なのは、身に付けるコトではなく。

## 身に付いたいらないモノを手放していくコト。

後天的に身に付いたはき違えたプライドや凝り固まってた不自由な価値観を、
1つひとつ手放して、心をス～～っと身軽にしていくコト。

人は皆この世に産まれてきた時、
**パンツ1枚穿かずに産まれてくる！**
なんにも持っていない裸のまんまありのままの姿で、
**もうすでに愛されていたもんね。**

どんなに煌《きら》びやかに着飾るより
そのままのあなたのほうが
よっぽど素敵やからね。
もうパンツ脱ぎなさい（笑）。

# 素敵な人が選択しているモノ

良い時っていうのは、心の状態も良いから、いくらでも〝良いこと〟言えるし、良い態度でいられる。

これは誰でもできるんよね。

でも本当に大切なのはそうじゃない時なんやわ。

本当に最悪な時や辛い時にこそね、
自分がどんな言葉を発し、
どんな態度でいるか、
その時どんな自分で在るかが、

いい男になるのか？
いい女になるのか？
自身が試されるすごくすごく大切な時なんよね。

**良くない時にこそね、何年か経って「今」を振り返った時に、その時の自分を好きになれるような、誇りに思えるような「今」の自分を選択できたらいいよね。**

## 起こる出来事は選択できなくても、その時どんな自分で在るかは、選択できる。

辛く悲しく苦しいどん底の時ってね、
投げ出しそうになったり、

崩れ落ちそうになるからね、
泣いてもいいんやで。
でも最後の一線は、ちゃんと踏みとどまって踏ん張って選ぶんよ。

本当に魅力的で素敵な人ってね、
決して生まれ持って恵まれた人のことではなくて、
**そういう最悪の時にこそね、自分で自分を好きになれる理想の自分を、いつも『選択』してきた人。**

俺、そばにいないから何もできんけど、心からエールを贈っとるからね。
踏ん張れっ!!

最悪な時、辛い時にこそ、
自分で自分を好きになれる
理想の自分を選択してきた人。
それが「素敵な人」。

# 感謝は『する』モノではなく『溢れる』モノ

「感謝が大切」という言葉がある。

世の中の偉い人達みんながそう言うから、きっとそうなんやろなと「知識」としては知ってたんよ。

だからいつも頭の中で感謝せなあかん！

感謝しなきゃ！

**感謝することを昔は頑張ってたんよね。**

思っていなくてもとりあえず『ありがとう』を連発したり（笑）。

つい人にも『ありがとう』を求めてしまったり。

言ってくれなかったら、なんで言わへんねん……

と不満に思ってしまったり。

なんか違和感があったんよね……。

**きっと感謝するコトが【正解】だと思ってたんやわ。**

『違和感』ってね、

頭の中にある正解と呼ばれるモノに、心がついていかない時に感じるんよ。

本当に「ありがたいな〜」と感じる時って、

頭ではなく心が動き、

なんかこうお風呂に入った時みたいに、

じわ〜っと心が温かくなるんよね。

『感謝』って

頭で頑張って「する」モノではなく、
心から自然と「溢れてくる」モノ。
そういうモノやと思うわ。

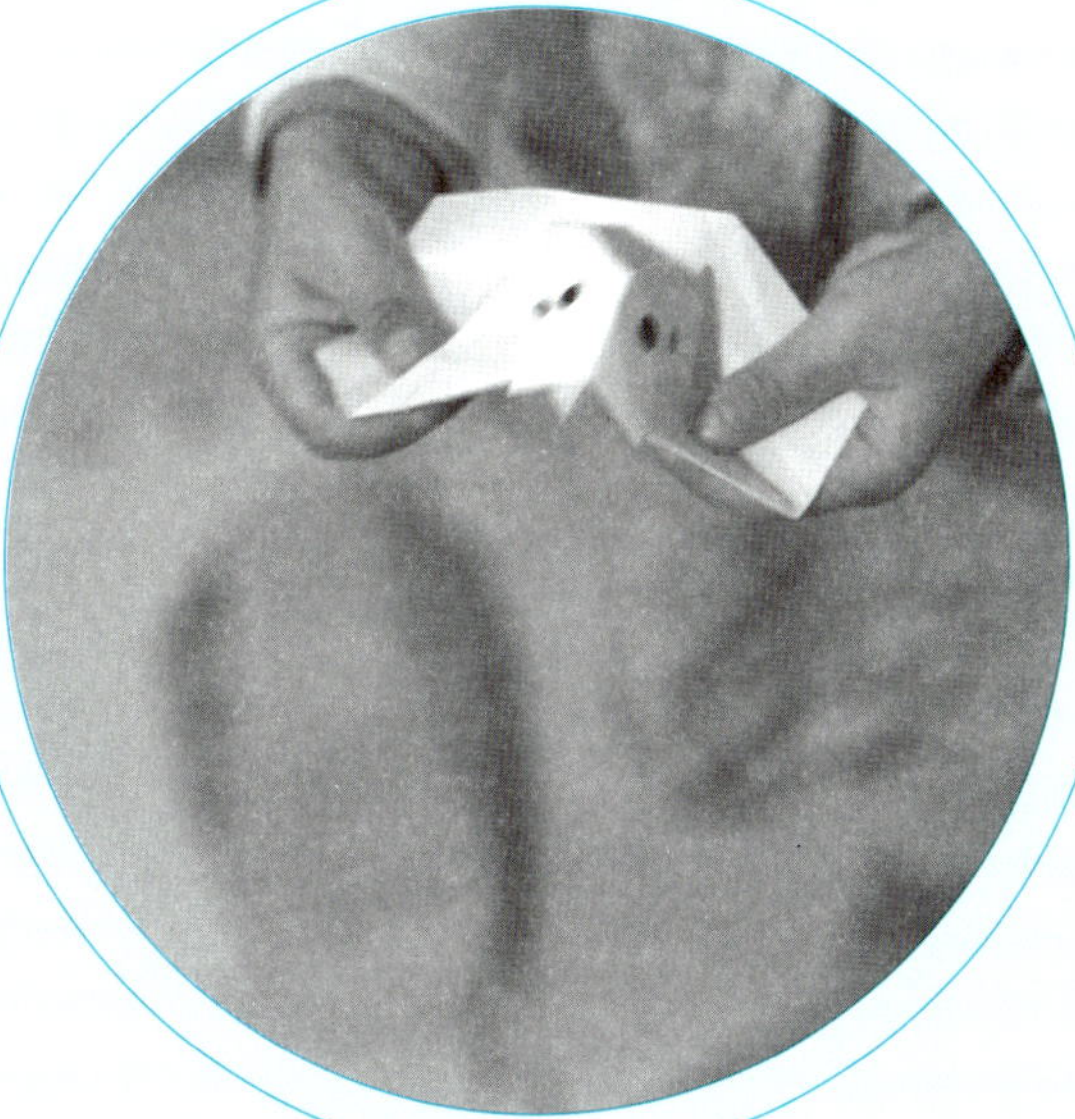

感謝は自然と溢れてくるから、
求めなくてもええんよね。

# 与えるコトの本当の価値は見返りではなく「〇〇を作るコト」

あのな、
もし誰かに親切にして、「ありがとう」と言われなかったり、
優しくしても優しくされなかったり、
大切にしても大切にされなかったとしても、
決してそれを悲しむコトはないんやで。
**与えるコトの本質ってな、見返りを得られるコトではなく、自分の中に受け取れるスペースを作るコトなんよ。**

例えばお風呂でもな、湯船に浸かって両手でお湯を手前に引き寄せてみ。

お湯は手の横から逃げるようにこぼれ出ていくやろ？

でもお湯を向こうに「どうぞ」って押してあげたら、目の前にスペースが空いてな、お湯がこっちに溢れるくらい流れ込んでくるんやわ。

優しさも、親切も、愛もね。

ちょうだいちょうだいって求めてばっかりの「くれくれ星人」になると、横からこぼれ出ていくんよ。


**でも先に与えるとね、自分の中に受け取れるスペースができて溢れるくらい入ってくるんやわ。**


そして入ってきたら今度はな、それを溜めないコト。

欲張って自分の所に溜め込んだままだと、だんだん濁ったりくすんだり淀《よど》んだりしてくるからな。絶え間なく循環している広く大きな海のように、どんどん流していくコトが大切なんやで。

**いつもな、見返りなんてせこいコト期待せずにどんどん与えなさい。**

例え目の前の人から返ってこなかったとしても気にせず与え続けなさい。
大切なのはどんどん出して自分の中に受け取れるスペースを作るコト。
そしたら不思議なコトにな、いつか巡り巡って**全然別の所から還ってきたりするんよ。**

例えば寄付をさせて頂く時も、
別に名乗らなくてもいいんよ。
誰に知られなくてもいいんよ。
例え「ありがとう」と感謝の言葉をもらえなくてもいいんよ。

出すことに意味があり、与えることに意味があるんやわ。
お金も、
優しさも、
親切も、
愛も、

## どんどん流して世の中に循環させなさい。

どんどん与えて与えて自分の中にスペースを作りなさい。
**与えるから受け取れる自分になれるし、受け取れるからまた与えられる自分になれる。**

もしありがとうって言われなくてもな、それでも親切な自分で在りなさい。
もし裏切られたとしても、それでも信じる自分で在りなさい。

もし優しくされなくても、それでも優しく在りなさい。
もし愛されなくても、それでも愛を与える自分で在りなさい。
相手の出方や反応なんて関係ないねん。
いつも自分は与えているか？
いつも自身はどう在るか？
それだけを大切に見つめなさい。
そしたら必ず君の中に温かいモノが溢れてくるからな。
分かった〜？
ほなおとさん今日ぜんざい作ったからな。
早よ帰っておかさんと一緒に食べよ♪

おとさん

お金も優しさも親切も愛も、
与えた分だけ増えていく。

# コナンくん
# 真実は1つじゃないんやわ

例えば、

**「結婚は忍耐やわ～」**

と思ってる人にとっては、きっと結婚は「忍耐」の連続ばかりで。

**「結婚は素晴らしいモノ」**

と思ってる人にとっては、きっと結婚は「素晴らしいモノ」に溢れていて。

**「そんなもん理想論やわ～」**

と思ってる人にとっては、きっと全てが諦める材料で。

**「自分次第で理想は現実にできる」**

と思っている人にとっては、決してそれは理想では終わらない。

**「世の中綺麗事じゃないんやわ〜」**

と思ってる人にとっては、きっと世の中は汚い出来事で溢れていて。

**「世の中は温かく、そして優しい」**

と思っている人にとっては、きっと目に映る世界は温かく、優しい出来事で溢れている。


**「夢は叶わない」**と思ってる人にとってはきっと夢は諦めるモノで、

**「夢は叶う」**と思ってる人にとっては夢はとても素晴らしいモノ。

誰かの本やブログの記事を読んで、
**傷つけられた！**
**言ってることおかしい！**
**この人なんかムカつく！**
と批判する人もいれば、同じ記事を読んで、

**癒された！**

**励まされた！**

**幸せな気持ちになった！**

という人もいる。

これ、**どれも真実なんよね。**

## その人にとっての真実。

人は成長と共に、それまでの経験や情報や知識、イメージや思い込みから形成された自身の真実を握り締め世界を見ている。

**人は同じモノを見ていても、決して同じモノを見ていない。**

**人は同じモノを聴いていても、決して同じモノを聴いていない。**

**人は同じ世界を生きていても、決して同じ世界を生きていないんよね。**

目の前に広がるこの世界は全て、まるでレンズのように自分の心が映し出している世界。

**心にあるモノが見え、**
**心にあるモノが聞こえ、**
**心にあるモノを信じ、**
**心にあるモノが真実として現れる。**

妬《ねた》みや嫉《そね》み、怒りや猜疑心《さいぎしん》の心で見る世界はきっと苦しみや怒りに溢れていて。

感謝や思いやり、優しさや慈愛の心で見る世界は、きっと喜びと幸せに満ち溢れている。

## 良くも悪くも自分が思った通りに見ている世界

なんやわ。

真実って決して1つじゃないんよね。
人の数だけ真実がある。
だからね、誰かの真実を自分の真実にする必要はないんやで。

どんな世界を見るかは自分が選べるとしたら、
あなたはどんなレンズ（心）を選ぶ？

誰かを素敵だと思うのは
あなたの心が素敵だから。
誰かの優しさが見えるのは
あなたの心に優しさがあるから。
誰かの愛を感じられるのは
あなたの心に愛があるから。
誰かの幸せを喜べるのは
あなたの心が幸せだから。

# あなたが一番すぐそばの人

幸せってね、『する』モノでも、『なる』モノでも、『掴む』モノでもなくて、

『気づく』モノなんよ。

誰かが誰かを本当の意味で幸せに『する』コトはできないんやわ。

もし君にな、「幸せにしたいな〜」と願う人が現れたら、その時君に唯一できるコトは、

『気づいてもらうコト』。

幸せに気づいてもらうにはただ1つ。

## 『君が幸せでいるコト』。

それだけなんやで。
別にその人を幸せにしようと無理して頑張らなくてもいいんよ。
君が幸せなら自然とその人も幸せに気づいていくんやわ。
おとさんな、君やおかさんに幸せになってほしいといつもいつも願ってる。
だからこそね、

**いつもおとさん自身が幸せでいようと思うんよ。**

人ってな、自分の中にあるモノしか与えられないんよ。
自分の中に優しさがなければ優しさを与えられないし。
自分の中に愛がなければ愛を与えられない。

もし海で溺れている人がいたらその人を助けられるのは泳げる人だけやろ？
幸せも一緒でね。
**本当の意味で人を幸せにするコトができるとしたら、**
**それは幸せな人だけなんやわ。**

誰かの幸せを願うなら、いつもね、先に自分自身を幸せで満たしておくコト。
満たして満たして満たしきったらね、
**自然と君の中から幸せが溢れ出てくる。**
**その時、君のすぐそばは自然と幸せに溢れるんやで。**

自分を満たしていないのに、誰かのために頑張ったらあかんよ。
「人《ひと》」の「為《ため》」と書いて「偽《いつわり》」と読むからな。

自分を満たしていないのに、誰かに尽くしたらあかんよ。
それはきっといつか尽きてしまうから。

**自己犠牲の深さが愛の深さではない。**

誰かを大切にしようと思うなら、
まずいっちばんに自分を大切にするコト。
誰かを幸せにしようと思うなら、
まずいっちばんに自分が幸せであるコト。

君が誰かを大切にしたい幸せにしたいと思う気持ち。
それはめっちゃ素敵なコトやし、
とてもとても大切なコトや。
だからこそね、いつも君自身が幸せで在るコトを何よりも何よりも大切にしなさい。

『半径5メートルのすぐそばにいる人を幸せにする』

その円の中心にいるのは誰だと思う？

君の一番すぐそばにいる人って、

君自身なんやからね。

あなたが幸せになるコトが
すぐそばの幸せになる。

# これから結婚されるあなたへ贈る手紙

今結婚したい人はいますか？
もうプロポーズはしましたか？
それとも、
もっと仕事が安定したら。
もっと経済的に豊かになったら。
もっと人間的に成長したら。
責任感の強いあなたです。
今よりもっともっとパートナーを幸せにできる状況になったら……。
そう考えているのかもしれませんね。

実は僕も昔はずっとそう思ってました。

**「相手を幸せにできるほどの力が自分にはまだまだないからな」**

**「いつかもっと仕事が軌道にのったら……。いつかもっと収入が増えたら……」**

**「いつかもっと人間的に成長したら……」**

そう思いながら何年も何年も過ごしてきました。

素晴らしい方と出会い、素敵な恋愛もしたけど、中々結婚には踏み切れませんでした。

実はうちの家系は親兄弟、親戚に至るまでみんな離婚しています。

幼い頃からそういう景色を見てきたから正直僕は結婚に自信がなかった。

結婚して幸せになる自信が、とてもとてもなかったんです。

ある時、こんな言葉に出会いました。

『幸せとは誰を幸せにするかを決めるコト』

親という器ができたから子供が産まれてくるのではなく、

子供というかけがえのない存在が、初めて自身を親という器に成長させてくれるのと同じように、

条件や状況や環境が整ったから決意できるのではなく、

先に決意するからこそ条件や環境が整ってくる。

僕に本当に必要だったモノはお金でも自信でもなく、

『決意』するコトだったんですね。

そしてその時の僕にはもう1つの大きな課題がありました。

それは決意というアクセルを踏むのと同時に、
自身を止めているブレーキを外すコトだったんです。

「僕は相手を幸せにできるかどうか？」
なんてカッコつけてただけで、
ほんとは心のどこかで、

幸せになるのが怖かったんです。

あの日大好きな母がこの手を離したように、
いつかまたこの手を離されるんじゃないか？
いつかまたこの幸せを失うんじゃないか？
「いつかまた大切な人を失うかもしれない……」。そんな恐れをごまかすように、
**いつも幸せになることに遠慮していました。**

## 自分が自分に対して『幸せになる許可』を出せなかったんですね。

奥さんにプロポーズした時、借金が一千万以上ありました。
仕事もまだまだ軌道に乗っていなく、
光熱費すらも払えない状況で、
電気やガスも止まるような、
そんなどん底の状況でした。

内面的にもまだまだ未熟で、
とても奥さんを幸せにできるような条件も揃ってなければ、
確かな根拠すら何1つありませんでした。

ただその時1つだけあったのは、
**この目の前にいる奥さんを何があっても必ず幸せにする！**
**その決意だけでした。**

かっこつけずありのままの姿で、ほんとに何もない裸のまんまの自分で、決意1つだけ持って奥さんにプロポーズしました。
それは人生で初めて、
誰かを幸せにすると決意をした日でもあり、
人生で初めて、
『お前は幸せになっていいんやで』

## 初めて自分で自分に幸せになるコトを許可をした日でもあるんです。

奥さんにプロポーズした時、彼女はこんなコトを言ってくれました。

**『あなたは大丈夫。**
**あなたは大丈夫。**
**あなたは大丈夫。**
**あなたは気づいていないかもしれないけれど本当に素晴らしい人なのよ。**
**例え今は何の花や実も咲かせていなくとも、あなたは素晴らしい人。**
**必ず素晴らしい花や実を咲かせるからね、だから大丈夫なんやで』**

そう言って抱きしめてくれたんですね。

僕はその瞬間、どこか懐かしいような、とてもとても温かな感情に包まれたんです。

それは3歳か4歳の幼き頃の、遠い遠い記憶の底にあった、
**母に抱きしめられたあの時の思い出、**
**その何とも言えない温かさ、**
**何とも言えぬ安らかさに包まれた懐かしい感情が全身に溢れてきました。**

それまでの僕は、誰かに愛されるためには、
もっと素晴らしい人間にならないといけない。
もっと立派な人間にならないといけない。
もっと価値のある人間にならないといけない。
そうでないときっといつかまた、大切な人は自分のそばから離れていってし

まう。

いつもそんな恐れを抱えながら自身の欠けている所や、足りない所ばかりを眺め無理して背伸びして強がっていました。

奥さんに抱きしめられた瞬間、あの日母に抱きしめられた時の記憶と共に、いつの頃からか忘れていた、
**人はただ存在しているだけで素晴らしい価値があるんだというコト。**

**人はただ存在しているだけで、すでに愛されているんだというコトを思い出させてもらいました。**

それから月日は流れ、
ある日僕は、改めてそれを強く確信する出来事に出会ったのです。
**それは、娘が産まれてきた日のコトです。**

娘はこの世界に誕生した時、
パンツ1枚穿かず裸のまんまで産まれてきました。
まだ何者でもなく。
何か特別素晴らしいコトを成し遂げた訳でもなく。
何にも持っていない裸のまんまの小さな娘を、

僕は心から愛おしく思ったんです。

奥さんにありのままを受容してもらえた時に溢れてきた、あのどこか懐かしい温かな感情は、**僕自身がこの世に生まれてきた時に、全身で感じ受け取ったであろう無条件の愛そのものだったんですね。**

僕の誕生日は1976年2月3日です。
でも、本当の誕生日は奥さんにプロポーズを決意した日だと思っています。

奥さんを幸せにすると決意した日。

そして、

自分が自分に対して幸せになることを許可した日。

**あの日から僕の本当の人生が始まったように思います。**

仕事も少しずつ軌道に乗り始め、借金も少しずつ減っていき、本当に多くの方に助けられ支えられ応援して頂きながら、今こうして家族3人で幸せな日々を送るコトができるようになりました。

家族と過ごす日々の中、何でもない日常の場面でよく涙が出てきます。

この間も家族と晩ご飯を食べている時、なんか泣けてきました。

こうして家族みんなで一緒にご飯を食べれるコトは、決して当たり前のコトではないよなって。

何でもないほんと普通のチキンライスだったんですが、
**僕はこの景色を小さい小さい頃からず〜っと夢見てきていたんです。**
それはとてもとても小さくささやかな夢かもしれませんが、
子供の頃から想い描いていた夢がやっと叶った景色だったんです。

その景色を目の前にして、
**あの時決意してほんまに良かったたな。**
**あの時自分に許可を出してほんまに良かったたな。**

泣きながらご飯を食べてる僕を見て、隣で奥さんと娘は笑っていましたが、
**涙と共に食べたあのチキンライスの味を、僕は一生忘れないです。**

# これからご結婚されるあなたへ

結婚は決して幸せのゴールでもなければ、
幸せを保証してくれるものでもありません。
この人と決めたその決意を胸に、
日の当たるポカポカ晴れた日も、
雨が降る暗く寒い日も、
手と手を取り合い共に築きながら、歩んでいく日々の中にこそ、
本当の幸せがあるのだと思います。

決意が全てとは言いません。

けれど、

全てのコトはその決意から始まるというコトを

どうか忘れないでいてください。

大丈夫です。

**光熱費も払えなかったような僕でさえ幸せになれたんです。**

あなたは必ず幸せになります。

# そしてすでにご結婚されているあなたへ

長い結婚生活の中では、時に色んなことが起こります。

けれど、

大切なその人の手をしっかりと握り締めたあの日の決意を、どうか何年経っても忘れないでいてくださいね。

幸せにならない人はいても
幸せになれない人は１人もいない。

# 謝辞

本書を書かせて頂くにあたり、人間関係で大切なコトを生き方として教えて
くださり、人生に大きなプラスの影響を与えてくださった
株式会社ＡＷＡＲＥＮＥＳＳ代表取締役髙橋敏浩氏
公私共に支え応援下さったエスプリ美容室オーナー北村巧様
（有）遠藤総合保険取締役遠藤栄一様
に心より感謝申し上げます。

また、いつも温かく応援してくださるＦａｃｅｂｏｏｋ読者のみなさま。
出版のご縁を繋いでくださった藤原麻由様。
熱い想いで真摯に書籍化に携わってくださったワニブックス編集担当岸田健

児様。

本当にみなさまのお陰でこうして今回初の書籍を出版させて頂くことができました。本当にありがとうございます。

そして、いつも理解と愛を持ち、僕をすぐそばで支えてくれている妻と娘へ

心から感謝を込めて……

**愛しとるぞ～！**

**いつもそばにいてくれてありがとう！**

2016年3月吉日　すぐそばの妻と子供の寝顔を見ながら

高島　大

デザイン　西垂水 敦（krran）
イラスト　佐々木一澄
写真　北岡稔章
校正　玄冬書林
編集　岸田健児（ワニブックス）

すぐそばも幸せにできないで。
――半径5メートルのレシピ――

著者　高島 大

2016年4月21日　初版発行
2016年5月25日　2版発行

発行者　横内正昭
編集人　青柳有紀

発行所　株式会社ワニブックス
〒150-8482
東京都渋谷区恵比寿4-4-9　えびす大黑ビル
電話　03-5449-2711（代表）
03-5449-2716（編集部）
ワニブックスHP　http://www.wani.co.jp/
WANI BOOKOUT　http://www.wanibookout.com/

印刷所　株式会社美松堂
DTP　朝日メディアインターナショナル株式会社
製本所　ナショナル製本

　ISBN978-4-8470-9447-7